FAMÍLIA DIFÍCIL, PARENTE PROBLEMA

FAMÍLIA DIFÍCIL, PARENTE PROBLEMA

Thiago Brito
Espírito Júlio

AGRADECIMENTOS

Meu muito obrigado ao Espírito Leopoldo Machado pela parceria, sempre coordenando todos os nossos passos nos trabalhos de propagação da mensagem espírita, e um agradecimento carinhoso e especial ao Espírito Júlio pela paciência em ditar seus conhecimentos dentro de minhas limitações morais e intelectuais.

Agradeço aos meus familiares, que me aceitam de forma incondicional, com um amor que supera minhas imperfeições. Nessa encarnação eu não poderia ter uma família melhor.

Abraço apertado aos meus amigos e padrinhos Adeilson Salles e Cezar Said, que desde sempre não cansam de me encorajar, e ao querido André Trigueiro que pegou meu coração no colo e nos brindou com o prefácio.

Agradeço à Deus por nunca desistir de nós, ao Mestre Jesus pelo Evangelho de Luz, ao Tio Kardec pela codificação da Doutrina Espírita. E agradeço a você que lê esta obra mantendo a esperança de dias melhores com famílias melhores para, enfim, termos um Mundo melhor.

DEDICATÓRIA

Dedico este livro àqueles que praticaram todos os tipos de abandonos e ausências familiares, e aos irmãos amados que sofreram as dores dessas ações. Dedico também à toda a minha família, que me aceita como sou, me compreendendo e me acolhendo com todos os defeitos que ainda possuo, ensinando o verdadeiro significado de amor e cumplicidade, para que aos poucos eu possa me tornar alguém melhor.

Se famílias não são como nos comerciais de margarina, sua programação reencarnatória também não tem essa leveza.

Nas relações familiares temos os conflitos de gerações e as divergências individuais que trazem obstáculos nas relações.

Qual seria o propósito de Deus com os incômodos e dores dos desafios familiares? Como buscar a futura paz interior?

Vamos juntos mergulhar nessa questão e desvendar melhores caminhos para os corações.

"Caridade prática, caridade do coração, caridade para com o próximo, como para si mesmo."

(DUFÊTRE, BISPO DE NEVERS - BORDÉUS.)
O Evangelho Segundo o Espiritismo - Cap. 9 - Item 18.

PREFÁCIO

Toda família é resultado de um projeto que antecede a nossa vinda para este mundo. Antes de dividir por aqui o mesmo teto, o mesmo sobrenome, compartilhar muitas semelhanças genéticas, os membros de uma mesma família foram, de alguma forma, estimulados na Espiritualidade a perceberem a importância de terem uma experiência próxima, de convivência e aprendizado comum. À luz da Doutrina Espírita, sabemos que todos estamos inseridos em algum grupo de espíritos afins, que compartilham laços de simpatia e afinidade, e se fortalecem mutuamente em sucessivas encarnações. São elos de amor que atravessam os tempos e permitem que a jornada evolutiva se dê de forma mais proveitosa, num ambiente de acolhimento e fraternidade.

Entretanto, especialmente num mundo de provas e expiações, são muitas as famílias onde os espíritos nutrem antipatia mútua, se desentendem com frequência, dando vazão a querelas intermináveis e desgastantes. Num mesmo lar, personalidades aparentemente incompatíveis protagonizam disputas violentas que, por vezes, podem resultar até no cometimento de crimes.

Alguém haverá de estranhar a razão pela qual espíritos com tantas diferenças entre si são reunidos em uma mesma família. Que Deus é esse que permite tamanha crueldade? A resposta é simples: são exatamente essas diferenças que justificam a convivência mais próxima, apaziguando almas que não conseguiram se reconciliar após uma ou várias encarnações de conflitos mútuos. A família seria a oportunidade benfazeja de se aparar as arestas, buscando a convergência possível, o diálogo, o respeito, a paz.

Importante lembrar que as famílias são a primeira experiência de vida em sociedade, e que a influência recebida pelas crianças desde cedo ajuda a forjar caráter, valores e princípios que vão acompanhar o indivíduo por toda a existência. Quanto maior o número de famílias harmonizadas, vivenciando o equilíbrio possível, melhores as condições de implantarmos a cultura de paz na terra. É dentro de casa, no ambiente familiar, que se opera o verdadeiro combate à violência urbana, à expansão da criminalidade, à multiplicação dos vícios, entre outros problemas que assolam a sociedade.

O presente livro aborda questões complexas de forma direta, simples e objetiva. O espírito Júlio encontrou na mediunidade de Thiago Brito a melhor interlocução para o público, seja nos exemplos escolhidos para ilustrar os desafios das famílias de hoje, seja na linguagem leve e assertiva. O autor espiritual se credenciou para esta missão depois de ter sido "filho ingrato, mãe relapsa, pai rude", em sucessivas encarnações onde o aprendizado, embora doloroso, lhe permitiu a preciosa conquista da sabedoria.

Thiago Brito, por sua vez, vem se desdobrando em múltiplas tarefas ligadas à divulgação do espiritismo. Parece evidente que os prolíficos trabalhos realizados como escritor, palestrante, médium e humorista credenciam Thiago para mais esta nobre missão. É bem-vinda a obra pelas informações relevantes que traz nesses tempos extremamente desafiadores.

André Trigueiro

SUMÁRIO

INTRODUÇÃO.. 17

1 - QUANDO OPOSTOS SE ATRAEM............................. 23

2 - GENÉTICA... 30

3 - REENCONTROS NEM SEMPRE PRAZEROSOS......... 36

4 - CHOQUE DE GERAÇÕES....................................... 43

5 - MEDIUNIDADE NO LAR... 51

6 - CHATICE NOS CUIDADOS..................................... 57

7 - AUTOMATISMO E PRESENÇA................................ 64

8 - EU NÃO PEDI PARA NASCER. SERÁ?..................... 71

9 - PEQUENO UNIVERSO PARTICULAR....................... 78

10 - TRAUMAS: CARREGAR OU CAUSAR?.................... 84

11 - PLANEJANDO MUDANÇAS..................................... 92

12 - CONQUISTA DA PAZ PLENA.................................. 98

13 - SUCESSO NA VIDA.. 105

ADOREI ESTARMOS JUNTOS....................................... 112

CURIOSIDADES MEDIÚNICAS....................................... 120

INTRODUÇÃO

Essa simples publicação vem como lembrete e alerta. Nosso irmão Jesus, que continua a nos esperar de braços abertos, ainda assiste seus atrapalhados irmãos mais novos. Se eu pudesse resumir essa obra em uma reflexão, seria recordar o ensinamento bíblico que observa nossa facilidade em querer agradar a Deus com ofertas, quando na verdade antes delas deveríamos amar e perdoar (Mateus 5:23 e 24).

Mas vamos falar do tema central dessa obra? Se você carrega em sua jornada alguma questão familiar, se prepare. Como está por aí? Algum desacerto, alguma ferida ou alguma dificuldade de relação? Vamos falar das relações turbulentas e compreender a causa das situações desconfortáveis. Entender que se existem abusos sofridos, também podem existir os abusos praticados, ainda que inconscientemente. Falaremos de sofrimento e vitórias, de reencontros e despedidas, de desafios e relacionamentos, de mediunidade e programação espiritual.

Essa obra é para você. É para todos nós que queremos entender o amor e nossa dificuldade em praticá-lo. Para nos auxiliar a entender e fixar cada reflexão, ao final de cada capítulo eu deixei um espaço reservado para seu uso. Convido-lhe a preparar lápis ou caneta para colocar nesse espaço o que sente e qual a sua reflexão sobre o tema tratado em cada capítulo. Você vai ajudar a escrever esse livro junto comigo. Após terminar a leitura sugiro que releia suas anotações. É sobre nós. É sobre você. Não somos simples peças de tabuleiros ou fantoches de Deus. Somos os escritores de nossa própria história.

Encarnação após encarnação, a sociedade ainda patina e julga que ser "religioso" é o caminho da salvação. Preocupadas com rituais, ofertas e costumes as pessoas esquecem que o foco deveria ser direcionado às conquistas espirituais eternas. Fala-se por aí a palavra Amor repetidamente. Nas relações, nas propagandas, nas conversas, sem sequer praticá-lo; falta entender seu real significado, inclusive.

Em família não é diferente. Mas, calma! Há luz, há esperança. A novidade é a boa nova. Aqui seremos realistas ao falar desse caos social, mas também traremos as boas notícias que surgem recheadas de sorrisos e coragem. Nem tudo está perdido. Aliás, nada está perdido. Embora haja demora das almas para evolução no campo dos sentimentos, também é

INTRODUÇÃO

importante reconhecer que começam a brilhar cada vez mais fortes os raios das descobertas interiores.

Vemos a evolução pedagógica e sociológica, os avanços na psicologia e psicanálise, a espiritualidade se revelando de forma implícita em diversas linhas médicas e científicas, apontando novas saídas. Assim, parte da humanidade com acesso ao conhecimento já desfruta de soluções inovadoras para a alma e para as relações naquilo que antes parecia inevitável ou sem tratamento.

Geração após geração, nós podemos observar mudanças socioculturais nos hábitos diários, nas relações, principalmente nas demonstrações públicas de afeto. Lembro-me do tempo em que o cumprimento entre pais e filhos era um distante "sua bênção, meu pai", num respeito que por vezes vinha acompanhado de formalidade e medo.

Nessa época era normal ouvir dizer que "homem não chora" e assim tivemos adultos com sentimentos abafados que eclodiam internamente em suas células, desequilibrando corpo e mente. Se antes pais não beijavam filhos, porque "homem não beija homem", hoje mais comumente vemos beijos e abraços, que ainda causam estranheza aos mais sisudos, mas que aos poucos amolecem os escudos do preconceito.

Sabemos que o atraso evolutivo da sociedade é responsabilidade de cada um que contribui para as amarras de corações endurecidos e frios. Mas por outro lado precisamos comemorar a lenta vitória da luz sobre as trevas. Não me chamem de profeta. O anúncio que farei aqui nem é profético, mas apenas óbvio: cada vez menos teremos pais violentando filhos e os expulsando de casa por conta de discordâncias, opiniões e gostos. Porque a ignorância diminuirá na proporção em que o coração seja instruído com conhecimento e amor.

Futuramente só o amor importará. Consegue imaginar como estará a sociedade daqui a algum tempo? Acolhimento sem exigir condições, sentimento verdadeiro sem imposições, amor incondicional. Esse é o destino de nossa evolução espiritual. Nem todos estão preparados para essa mudança, mas nesse livro vamos abordar o assunto de uma forma leve e fácil de compreender.

Já podemos observar essa transformação lenta, porém gradativa. Quanto tempo levará essa mudança? Não sabemos. Não existe data pré-fixada, pois tudo depende do livre-arbítrio de cada cidadão, especialmente no que tange à educação e ação dos governantes. Uns afetam os outros, numa reação em cadeia e a verdade é que a evolução planetária depende muito mais disso do que de qualquer previsão mística ou adivinhação.

INTRODUÇÃO

Esse avanço virá da ação de educadores e alunos, governantes e governados, religiosos (no sentido formal da palavra) e espiritualizados (aqueles que até sem ter uma religião formal vivem a espiritualidade). Sempre dependerá disso. Estipular prazos e datas é leviandade, ou imaturidade, de quem ainda enxerga Deus como o Dono Supremo de um joguinho de tabuleiro ou moderador egoísta de um algoritmo online. Deus justo criou ambientes, meios e situações, mas as decisões e escolhas, avanços ou derrotas, são sempre nossas. Por isso o prazo de avanço na evolução planetária é indefinido.

Sinta-se bem-vindo ao lar do seu coração. Estamos em família. Sinta-se em casa.

Abraço afetuoso,
Júlio.

CAPÍTULO 1

Quando Opostos se Atraem

E essa regra da física? Polos opostos se atraem nas leis do magnetismo, simbolizando atração e repulsão de imãs e metais. Na realidade espiritual a lei de atração geralmente tende a unir semelhantes, numa afinidade e simpatia. Porém, muitas vezes isso traz a ilusão de que todos aqueles próximos a você terão opiniões, gostos e pontos de vista semelhantes aos seus. Doce ilusão que gera inúmeras decepções e desapontamentos.

Se por um lado a lei de atração se comprova na sintonia espiritual que cada um estabelece atraindo para si as companhias espirituais com as quais se afiniza, temos outro prisma no sentido contrário. Na necessidade evolutiva, o crescimento espiritual exige a convivência com o diferente. Nesse aspecto, a analogia com o magnetismo é perfeitamente aplicável: os espíritos opostos se atraem ainda que no íntimo possa haver desejo de repulsão nem sempre compreendido porque ao reencarnar trouxeram propósitos elevados e planos benéficos. Isso se dá conforme o estágio espiritual de cada um.

Acontecimentos banais da vida podem demonstrar esse fato. Imaginemos quando um pai fanático por seu time de futebol percebe que o filho resolve torcer pela equipe rival. Esse fato que para alguns parece uma bobagem, para outros se torna algo capaz de abalar a relação de uma vida inteira, planejada previamente no mundo espiritual e prejudicada por cores de camisa num esporte que era para ser apenas diversão. Exemplo de detalhe pequeno que o egoísmo faz parecer grande transtorno.

O nível de apego e personalismo geralmente presentes nos habitantes da Terra faz com que grande parte dos pais, mães e responsáveis se percam entre expectativa e realidade: idealizam a figura de seus filhos como se fossem bonecos e agem como donos de suas escolhas.

Está posto o dilema: se o filho é submisso e passivo, ao invés de caminhar conquistando suas próprias escolhas, será sufocado vivendo a escolha de seus "donos". De outra forma, se a individualidade desse filho demonstra traços de personalidade própria, com demarcação de posição e escolhas diferentes, esses pais que plantam traumas de forma inconsciente são surpreendidos com frustrações silenciosas ou até protestos agressivos, frutos de uma chantagem emocional.

Os responsáveis pela criação de uma criança vão tentar educá-la compartilhando os valores nos quais acreditam. Lembramos que uma criança não tem maturidade para fazer escolhas sábias por ser um espírito ainda em processo de reencarnação, retomando somente aos poucos suas potencialidades e características. Na fase da infância e adolescência, o espírito ainda não está consciente de todas as suas potencialidades para essa nova existência, embora em alguns casos especiais, já se pode notar falas maduras e ações nobres de alguns.

Uma criança pode ser um espírito mais evoluído, intelectualmente e moralmente, do que os adultos que o receberam como filho, porém com o corpo físico ainda em formação, só assume novamente sua total lucidez quando está migrando para a fase adulta.

Cuidar, zelar, orientar, é importantíssimo. Mas não menos importante é respeitar as características desse espírito que tem liberdade para pensar e agir diferente dos pais. Esses apenas fornecem as ferramentas educativas que acreditam serem as melhores diretrizes. Mas as escolhas futuras de cada um deveriam ser sempre respeitadas: a opção por profissão, a afinidade por determinada religião, a sexualidade, o prisma político, dentre outras opiniões e características de cada indivíduo.

O contrário também causa desconforto. Existem filhos que se colocam na posição de reis da família, principalmente quando os pais permitem a existência desse trono imaginário. Nesse caso, se os pais parecem ser totalmente o oposto dos filhos, sejam no ritmo de vida, nas opiniões ou nas preferências pessoais, esses filhos se rebelam com ingratidão e indignação, como se esses pais não enxergassem o que parece tão óbvio para esses jovens.

E então, o que fazer: tentar a todo custo modificar completamente a visão de mundo do outro, ou tentar amá-lo compreendendo suas características e individualidades?

Temos ainda uma terceira via que seria conviver com respeito, se permitindo trocar informações e conhecimentos, sem imposições. Essa maneira propicia a chance de que o outro entenda seus motivos e preferências, mudando ou não de opinião, mas pelo menos compreendendo sua visão.

Uma palavra para isso? Empatia. O exercício de colocar-se no lugar do outro, entendendo a lógica de seu pensamento ainda que discordante, considerando a história e a cultura em que está inserido, compreendendo as razões que o levaram a pensar de forma diversa.

Assim começa a nascer no íntimo de cada um o protótipo de respeito à diversidade que deverá ganhar todos os corações futuramente. Olha aí o caminho para a tão desejada harmonia!

O que não podemos perder de vista é que as pessoas só dão aquilo que possuem, assim como não se pode esperar bananas de um pé de laranja; é necessário compreender que os frutos gerados são o resultado do plantio e desenvolvimento de determinadas sementes; modificar esses frutos, melhorá-los, dependeria de plantar novas sementes em solo propício, em temperatura adequada, aguardar o tempo de germinação, crescimento das raízes, evolução da planta; assim como todos os fatores evolutivos não podem acontecer numa só encarnação.

Aí também podemos destacar o fator egoísmo, esse hábito de querer admirar somente o que nos agrada, no narcisismo de amar aqueles que apenas concordam conosco para manter confortável a posição firmada. A arte de amar o discordante é poesia para o coração. Pais que se dedicam ao ramo das ciências exatas e veem o filho apaixonado pela área de ciências humanas. Ou pais músicos que recebem um filho surdo. É a arte do reencontro escolhendo fazer ponte do que antes seriam barreiras.

Deus sabe de todas as coisas. E sim, é infantil acharmos que sabemos mais do que o Criador, contestar sua lógica, confrontar sua justiça e queixar-nos dos caminhos apontados.

Essa união de opostos tem o propósito de aquisição de novos valores. Num exemplo didático, o brasileiro que só conviver com brasileiros na língua nativa não vai desenvolver habilidade para se comunicar em outras línguas. Forçado ao convívio em outro idioma, por necessidade de comunicação esforça-se para compreender e ser compreendido.

Se isolar ou fugir do convívio o fará deixar de evoluir nesse campo que ainda está deficiente. Ou seja, conviver em família com parente diferente de si é a oportunidade de adquirir nova ferramenta de relacionamento, trazendo a habilidade para novas etapas e desafios.

E o ditado "quanto mais eu rezo mais assombração me aparece"?

Bem, quanto mais nos capacitamos, mais degraus alcançamos, mais tarefas surgem, maior amplitude ganhamos. Aproveite os reencontros, inclusive os que parecem inusitados. Aprecie a viagem, respire fundo e confie no propósito. Prometo, um dia você verá com carinho as dificuldades superadas, como o adulto que se lembra dos pequenos embaraços da infância.

Reflexões

Aqui você escreve a reflexão que esse capítulo lhe trouxe. Capriche com o coração para ajudar a fixar na alma.

No meu íntimo, sei quem são os opostos que atraí nessa encarnação para que eu aprenda a respeitar, tolerar e amar?

_____
_____
_____
_____

O exercício da paciência que me levará a desenvolver o respeito é importante para meu amadurecimento como espírito imortal?

_____
_____
_____
_____

O que posso tentar fazer para que essa convivência com "os diferentes" desperte em mim o amor que ainda tenho dificuldade de praticar?

_____
_____
_____
_____

CAPÍTULO 2

Genética

"A quem será que essa menina puxou pra ser assim?". "Esse menino nem parece filho dele".

Frases que certamente circulam nas rodas de conversa menos edificantes cercadas de curiosidade ou maledicência, que costumam exalar questionamentos em forma de críticas recreativas e julgamentos injustos.

Não conhecer a realidade espiritual faz com que as pessoas ainda estabeleçam semelhanças entre indivíduos derivadas tão somente de características materiais. Precisamos estabelecer aqui alguns critérios sobre semelhanças entre pais e filhos, herança genética e comportamental.

Sob a ciência, filhos herdam características de seus genitores. Não raro observamos aspectos herdados até de seus avós paternos ou maternos. Jeito de caminhar ou se expressar, traços na fisionomia e formas dos corpos.

Jeito de se vestir e se arrumar, por exemplo, é adquirido muito mais pela convivência, pelo costume familiar, do que por característica genética. Os costumes são diretamente sugeridos ou impostos nas referências do contato diário. Dependendo da maneira como esse adulto é visto pela criança, o modelo pode ser induzido, copiado e seguido, ou não. Variações que vão depender do espírito que chega nessa família, podendo ser submisso e inseguro, ou com personalidade crítica e segura.

O que esse capítulo vem destacar é um conceito simples que precisa ser fixado e entendido: um espírito que reencarna não é derivado dos espíritos dos pais que o geraram.

O campo espiritual não segue a lógica material. Corpos combinados podem gerar outro corpo – o filho – com características físicas semelhantes a eles; já os espíritos que animam os corpos dos pais são diferentes entre si e recebem no seio familiar um espírito também diferente, que traz sua individualidade cultivada e desenvolvida em vivências pretéritas. A relação entre esses espíritos pode variar ao infinito, indo da completa afinidade à absoluta aversão, gerada por circunstâncias da convivência entre eles nas vidas anteriores. Precisamos, portanto, usar a lente espiritual para ampliar nosso campo de visão.

Noutras palavras, o espírito que reencarna até pode trazer comportamentos semelhantes, mas não herdados. Quando isso ocorre, relembro, é apenas por afinidade espiritual entre os seres por questões que ele já traz em si, e não por ser derivado ou originado nos pais que o recebem na Terra. Ele é na verdade outra individualidade, que pode ter algumas afinidades de pensamentos em determinados aspectos, como pode possuir grandes diferenças em outros setores.

Pais calmos podem ter filhos nervosos. Pais desequilibrados podem ter filhos sensatos e maduros. Há casos em que a regulagem da máquina fisiológica está configurada com limitações neurológicas que são compartilhadas em família, mas de forma alguma é regra, visto que o planejamento encarnatório e as condições de cada perispírito são decisivos para essas regulagens.

Mas qual o objetivo de elucidar esse conceito tão básico? É a necessidade de lembrar o óbvio: cada um é cada um, ninguém tem a obrigação de ser igual a ninguém. As pessoas não devem ser nossos reflexos, nossos espelhos. Devemos amá-las como são, caso contrário nós, na verdade, amamos a nós próprios e a tentativa de nos repetir.

Essa cultura nos faz perceber a falta de respeito que há entre os seres, não enxergando a independência e os limites de cada individualidade. Quem disse que o modo certo de vida é o seu? Onde está determinado que o seu ponto de vista é o melhor? A sua forma de agir é a melhor para você, na sua avaliação, no seu bem-estar, na sua consciência, mas não é necessariamente a mais indicada para outras pessoas.

Precisamos entender que o outro tem seu universo íntimo próprio, suas vivências, seus traumas, suas potencialidades, seus talentos, e até os diferentes tipos de inteligência devem ser considerados para esse olhar. Não sabemos tudo. Somos apenas um ângulo dentre os trezentos e sessenta graus de possibilidades.

Nas relações familiares notamos essas frustrações. Muitos pais, por extremo amor, esperam que filhos sigam determinadas escolhas, mas se esquecem de que a vida não é deles. As escolhas são de cada indivíduo. Aos pais cabe apenas acolher, educar e orientar, respeitando histórias e caminhos.

Esse egoísmo chega a surgir até na descoberta de gênero dos futuros bebês. Há casos em que pelo menos um dos pais cria grande expectativa até que na revelação de gênero do bebê acaba por transparecer no rosto a decepção. É sério que isso importa quando o fundamental é apenas receber de braços abertos esse ser que retorna à Terra?

É sobre isso. É sobre ser porto seguro para receber o barco que chega para atracar. Abastecer essa embarcação de apoio e carinho, dando o mapa do oceano de possibilidades, fazendo valer esse encontro de almas para que, ao desatracar, o barquinho possa navegar com gratidão.

Reflexões

Aqui você escreve a reflexão que esse capítulo lhe trouxe. Capriche com o coração para ajudar a fixar na alma.

AO REENCARNAR, O ESPÍRITO AGE E PENSA DE MANEIRA IDÊNTICA AOS PAIS?

_____
_____
_____
_____

POR TEREM PONTOS DE VISTAS DIFERENTES, DEVEM OS PAIS RENEGAR SEUS FILHOS OU OS FILHOS NÃO RECONHECEREM SEUS PAIS?

_____
_____
_____
_____

NA DIFERENÇA ENTRE FILHOS NERVOSOS COM PAIS CALMOS, OU PAIS NERVOSOS COM FILHOS CALMOS, PELA LÓGICA DE JUSTIÇA E AMOR, QUAL SERIA O PROPÓSITO DE DEUS?

_____
_____
_____
_____

CAPÍTULO 3

Reencontros nem Sempre Prazerosos

Reencontros nem sempre prazerosos, mas necessários. Sempre necessários. Se não há uma folha que caia de uma árvore sem o conhecimento do Pai, não pense que você foi parar no "CEP" errado. Sim, por mais estranha que pareça sua família, ela foi pensada para você. Mas, me permita evitar um equívoco muito comum. Na realidade espiritual, nada é generalizado e absoluto. Por isso, nem sempre são reencontros. Pessoas esperam por regras matemáticas e assim cometem julgamentos injustos apenas avaliando as condições de vida de um indivíduo. Tudo é variável, pessoal e específico. Muitas vezes reencarnam na mesma família espíritos afins, que como diz a palavra, possuem afinidades, mas que não necessariamente tenham convivido anteriormente. Peço desculpas por decepcionar alguns retirando esse romantismo ilusório, mas nem sempre a compatibilidade significa vínculos de vidas passadas de amores eternos. Por vezes, é apenas sintonia e patamares similares, com afinidades de pensamentos, preferências e sentimentos.

Assim também quando ocorre o oposto. Aquela "peça rara" que vive lhe incomodando, não necessariamente foi sua vítima em outra vida e que agora retorna para se vingar consumindo toda a sua paciência. Nesses casos, podem ser apenas novas provas que lhe ajudarão a desenvolver caracteres importantes para aumentar sua capacidade de amar. E sim, eu sei, haja amor!

Não sou um ser mitológico. Sou igualzinho a você. Já passei por essas etapas e lembro com graça de algumas passagens que exigiram de mim tropeços, que me fizeram sofrer e aprender a consertar as coisas posteriormente. Sim, nossa consciência sempre nos convida a reparar o mal feito ou o bem não praticado. Deixar de praticar o bem é igual a praticar o mal. Não acender a luz é similar a promover a escuridão. E futuramente, mais cedo ou mais tarde, inevitavelmente nossa consciência nos imporá a vontade de reparar e fazer o certo.

Cada vez que temos em nossa família alguém que precisa muito de uma dose a mais de paciência e misericórdia, não auxiliar é o mesmo que praticar o mal. Mas você poderia argumentar: "mas eu não prejudiquei. Só ignorei. Eu não fiz nada". É exatamente sobre isso.

Não fazer nada é faltar com amor. Ignorar significa virar as costas para um irmão que precisa de compreensão. Mas, olhando por outro prisma, se você ignora e já não pisa na dor do outro, convenhamos que já é um passo importante. Em breve você terá maturidade para olhar para dentro de si e se arrepender do que deixou de fazer. Não incentivo que se culpe, se condene, se martirize, mas é interessante observar a vontade que brotará de querer melhorar e corrigir. É aí que entra esse ciclo que dá título ao livro.

Esse título é uma licença poética. Não existe parente problema ou família difícil. Difíceis somos todos nós, e problema nem é o parente "A" ou o parente "B". O problema real é nosso egoísmo e desamor.

Muitos dramatizam se lamuriando: "Oh, Deus, o que fiz para merecer?"

Garanto, é melhor você nem saber por enquanto. Alguns apelam para regressão de vidas passadas, interessados em saber o que propositalmente, estrategicamente, é esquecido. Para você, basta saber que foi um encontro ou reencontro necessário, e que há algo de muito valor para ambas as partes aprenderem com isso.

E quanto aos parentes que você considera uma pedrinha no sapato, lembre-se que o professor exigente é o que melhor desenvolve o aluno, enquanto um professor negligente pouco cobra esforço. Veja esse parente de difícil convivência como esse professor que lhe faz desenvolver qualidades que estão guardadas e subdesenvolvidas.

Ainda sobre esses parentes, é comum as pessoas pensarem "Senhor, dai-me paciência! Senhor, dai-me força!" E observe só esse fenômeno: se soube pedir, aí estão as formas de desenvolver.

Quando alguém quer se tornar mais forte na academia, não passa a pegar mais peso? Então se pede mais paciência e mais força, seus desafios poderão ser aumentados para que você exercite aquilo que tanto pede. Olha aí a matemática espiritual.

Quanto aos reencontros, sim, é comum que espíritos próximos reencarnem nas mesmas famílias para continuar se ajudando mutuamente com parceria e amizade, num afeto que transcende vidas, com a troca de lugares entre pais, filhos, irmãos e avós, numa ciranda linda de amor continuado muito além das barreiras dos túmulos e maternidades.

Assim como muitos aceitam que seus algozes reencarnem com proximidade máxima a fim de praticar o perdão, resgatar ou simplesmente aprender a amar. E você acha que serei poético para florear esse parágrafo e fingir que é tranquilo e fácil. Não, não farei isso: não é fácil.

Mas devo comunicar que se ficar mais difícil é por sua conta. Muitos acabam dificultando seu próprio trabalho por estarem obscurecidos pela matéria. Quando você prefere remoer a chateação, alimentar a raiva, torna maiores aqueles inconvenientes que poderiam permanecer pequenos, é você próprio deixando sua bagagem mais pesada para transportar.

Somos os jardineiros do sentimento, florindo ou não o jardim da convivência familiar. Preferir cultivar os espinhos não é das atitudes mais inteligentes. Precisamos aprender a cultivar as flores.

Observe bem esse cenário que vou exemplificar agora: sabe quando você já fica tão na defensiva que acaba sendo rude por algo que nem sequer aconteceu? Já observou que faz isso até sem perceber, e quando notar você já fez?

Mais uma vez é Deus o colocando como escritor de sua própria história, e esse final, é você quem escolhe. Chega de terceirizar sua responsabilidade para Deus. É sua vez. É com você. Mais uma vez o poder de Deus depositou em suas mãos a escolha de fazer os reencontros serem melhores ou piores. A convivência poderá ser amorosa ou desastrosa com as pessoas com quem dividimos o teto, o lar, mas será sempre engrandecedora.

Agora lendo esse capítulo, faça um exercício. Pare e pense por dez segundos em parentes de difícil convivência. Pense nessas figuras. Conclua que essas criaturas agem muito mais por ignorância do que por maldade.

Pai, perdoa, eles não sabem o que fazem (Jesus em Lucas 23:34).

Ainda que ostentem poses de donos da razão, desconhecem a essência da luz que tentamos buscar. Esse desconhecimento os faz ignorantes.

Mas é fundamental lembrar o que é o perdão. Muitos religiosos numa interpretação incompleta, entendem o perdão como aceitação e permissão de continuidade para todos os males sofridos.

Não. Perdoar não é ser permissivo. Perdoar é não alimentar o ódio, é não dar o troco, não incentivar o rancor, é não desejar a vingança. Saiba que você pode perdoar, porém manter distância e se proteger de dores reincidentes. O perdão é ação inteligente que beneficia muito mais você do que ao ofensor.

Então, faça com que todos os seus encontros valham a pena. Mesmo que alguns não sejam os mais agradáveis, com certeza, todos são para engrandecer a caminhada em direção ao verdadeiro amor.

Reflexões

Aqui você escreve a reflexão que esse capítulo lhe trouxe. Capriche com o coração para ajudar a fixar na alma.

Em minha família tem gente de decisões estranhas e hábitos duvidosos?

_____
_____
_____
_____

Serei eu um ser superior de decisões unânimes e incorrigíveis?

_____
_____
_____
_____

Ao apontar incômodos e defeitos na família, será possível que eu também dê causa a que eles apontem incômodos gerados por mim?

_____
_____
_____
_____
_____
_____

CAPÍTULO 4

Choque de Gerações

A evolução planetária é constante. Os planetas atravessam eras e evoluem com seus habitantes, sem datas prévias, mas sim conforme o desenvolvimento social, sentimental e intelectual desses. Essa mutação gradativa se dá através das gerações que passam aprendendo e ensinando, deixando sua contribuição de múltiplos aspectos na régua do tempo.

Importante ter em mente que não se deve generalizar o fato de que os novos reencarnantes serão sempre mais evoluídos do que seus precedentes e genitores. O Espiritismo não aceita o etarismo como forma de discriminação e preconceito: cada espírito é um mundo próprio, com seus patrimônios morais e intelectuais, não se classificando por idade, etnia, gênero ou quaisquer caracteres de aparência transitória.

Entretanto a ciência matemática, numa lógica exponencial, demonstra que a tendência natural é que novas gerações tragam conceitos mais abrangentes, e a rigidez de outrora vai se fazendo limitada para quem não estiver aberto aos novos horizontes de conhecimento.

Como exemplos dessa transição, podemos destacar algumas convenções sociais que são modificadas e ajustadas com o atravessar geracional: opressão pela escravidão; submissão do gênero feminino; violência física ou psíquica contra irmãos de orientação sexual diversa; ou quaisquer tipos de constrangimentos e dominações por meio de violência física ou verbal, dentre tantos outros fatores que aos poucos são superados através do bom senso de justiça e amor.

No processo gradativo de conscientização moral e espiritual inerente à humanidade, alguns irmãos podem vir a desagradar-se com o parágrafo acima, desmerecendo essas humilhações e dores, classificando-as como "frescura" a fim de legitimar posturas autoritárias e violentas. No entanto é compreensível a existência dessa falta de sensibilidade, que ainda estará presente não só nos espaços sociais, como também dentro dos lares.

É chocante para a geração atual perceber que seus antecessores encaravam com normalidade a aceitação de situações agressivas para imposição de ideias.

Pensamentos hoje considerados retrógrados e preconceituosos foram repassados, geração após geração, como se fossem naturais. Assim, esses irmãos cresceram dentro de um contexto em que comportamentos grosseiros, animalizados, eram revestidos por um verniz social. A cultura vigente na criação e educação normalizava o clima dominante e impositivo para demonstrar sinal de força, comportamento similar aos das feras primitivas que buscam demarcar seus territórios.

Esses irmãos, hoje, até podem ser indivíduos de bom coração, mas ao chegarem aqui, trazendo as vivências passadas, encontram essa fôrma social, e acabam por se moldar, tendo as boas qualidades do coração ofuscadas pelas sombras tóxicas da falta de sensibilidade.

Jesus, o Cristo, ao olhar um cão de aspecto moribundo foi capaz de reconhecer nele os belos dentes (Essa história você pode ler completa no livro *Nas pegadas do Mestre*, de Pedro de Camargo). Eis aí um exercício para que todos sejam capazes de enxergar o melhor lado de cada ser que convive no seio familiar dessa encarnação.

Com o passar do tempo chega o despertar de novas eras, trazendo esse choque de gerações que muitas vezes se reflete dentro dos lares, trazendo desconforto também para os mais antigos que se deparam com novas formas de vida que lhes parecem hábitos estranhos e inadequados. Roupas, músicas, linguagens, tecnologias, métodos de trabalho, enfim, novidades que causam estranhamento diante do processo crítico de adaptação.

Não vamos fechar os olhos aos jovens desavisados que embarcam em modismos propostos pela imprudência inconsequente, fazendo com que os mais experientes pareçam ranzinzas quando falam de equilíbrio e responsabilidade. Isso ocorre pelo livre arbítrio e pelo fato recorrente de muitos preferirem optar pelo aprendizado da dor prática ao invés do entendimento pela sabedoria teórica. A cada um a lição necessária para a aquisição dos valores eternos. Cada um no seu tempo, cada um a seu modo.

Nesse conflito de entendimentos culturais chega ao cenário de nossa conversa a necessidade de misericórdia. É oferecer ao outro a generosidade que tanto pedimos à Deus para conosco. É compartilhar com o próximo o ato de alívio que você desejaria para si.

Relevar a limitação do outro, aceitar o tempo do outro e entender que em muitos casos ele não será capaz de lhe oferecer aquilo que você gostaria de receber: aí está a caridade real e pura. Benevolência com indulgência e perdão. Os três sintomas da verdadeira caridade que vai muito além das ações materiais.

A transição social das comunidades planetárias não se dá com murros em pontas de faca. O avanço se dá através da reeducação no uso das lâminas, para que ninguém precise cortar os punhos nos socos da força bruta e impensada. Nossas almas se tornam mais sensíveis ao abandonar a brutalidade.

Mas, e se o outro for teimoso? E se o outro for bruto? Resposta fácil: se espera de Deus a solução dos impasses, saiba que Deus está em você, portanto, seja você essa diferença que tanto espera da Divindade. Se você espera a Providência Divina, permita que ela se manifeste em si. Seja ferramenta atuando como pacificador do caos, agente de luz, a calma em meio à tempestade, a reconciliação em meio ao ciclo de rancor. Seja você aquela leveza que tantos pronunciam nas orações de aflição. Deus espera isso de nós.

As gerações preexistentes podem não ter desenvolvido as habilidades desejadas porque se ocuparam construindo a base da pirâmide, trabalhando em solo denso e resistente, precisando se ater aos detalhes básicos, sem tempo para reflexões filosóficas mais avançadas.

Assim entendemos melhor a urgência necessária para que se alcance o respeito para diferentes culturas e pensamentos, na certeza de que eles fizeram e fazem o melhor que podem em consonância com o nível de entendimento que possuem. Eles tentam entregar tudo o que podem, num esforço próprio e admirável, apesar das diferenças intelectuais e morais.

Reconheça as conquistas de cada geração num exercício simples que vou lhe propor. Tente pensar assim: apesar das características que não concordo, essa geração contribuiu com essa aquisição, essa conquista, esse desenvolvimento. Isso valerá para as gerações passadas e para as gerações vindouras.

Precisamos aproveitar essa troca. E o lar propicia essa experiência empírica. Mergulhe nessa viagem. Abrace seus avós e sugue deles o olhar que lhes é próprio. Caminhe com seus pais, dê a mão aos seus filhos e netos (se este for o seu caso) sabendo que ali há espíritos que viverão novos tempos trazendo suas novidades. Celebre a oportunidade do reencontro e não se esqueça do ensinamento cristão tão valioso de Jesus:

Reconcilia-te com teu adversário enquanto estás com ele no caminho (Mateus 5: 25).

Não deixe a oportunidade desse encontro escapar entre os dedos. Se você deixou e agora a alma que caminhava contigo já partiu, retome a conexão através do pensamento e da oração, cultivando suas melhores vibrações, buscando enviar-lhe a energia de perdão, amor e conciliação.

Se você ainda está perto, na oportunidade da presença física, busque aproveitar essa chance. Você é o arquiteto de suas obras. O remorso é uma bagagem pesada e desconfortável. Exercite a humildade de se rebaixar para que Deus o eleve. Não falo sobre relações tóxicas e abusivas na qual você permanece deitado para que o outro continue a sapatear sobre seus sentimentos. Mas refiro-me ao perdão verdadeiro que bloqueia a emissão de ódio e vingança; e à proteção que lhe impede de submeter-se ao sofrimento, mas que libera benevolência e indulgência, ainda que a uma distância de segurança.

O importante é saber usar a inteligência espiritual nessa substituição de sentimentos, abandonar o peso e adquirir a leveza. Assim como o significado etimológico próprio do termo "geração", que esses sentimentos possam gerar muitas coisas boas nessa engrenagem estratégica da oficina do amor.

Reflexões

Aqui você escreve a reflexão que esse capítulo lhe trouxe. Capriche com o coração para ajudar a fixar na alma.

QUAL BARREIRA ME INCOMODA MAIS NA GERAÇÃO DIFERENTE DA MINHA?

_____
_____
_____

NESSA GERAÇÃO A QUAL NÃO PERTENÇO, QUAL QUALIDADE OBSERVO E ADMIRO?

_____
_____
_____
_____

ENTRE OS MADUROS EXPERIENTES E OS JOVENS, QUAL SERIA A MISTURA IDEAL PARA QUE AMBOS SE COMPLETEM SEM ETARISMO E COM RESPEITO MÚTUO?

_____
_____
_____
_____
_____

CAPÍTULO 5

Mediunidade no Lar

Um equívoco muito comum entre espíritas que se afastam do conhecimento doutrinário é supor que mediunidade tem hora exclusiva para acontecer, e em lugar específico. Pensam que são médiuns apenas no centro espírita nos dias e horários de reuniões. Simples engano.

Essa mediunidade, que todos possuem, dura as vinte e quatro horas do dia, sete dias por semana. Nesse intercâmbio constante entre influenciadores e influenciados estamos cercados de espíritos atraídos por sintonias de pensamento e afinidades de sentimento. Um sentimento infeliz de vibração ruim, mesmo que instantâneo, provisório, passageiro, pode ser suficiente para estabelecer ligação com companhias indesejadas. Estamos imersos nesse grande oceano magnético onde nos conectamos uns aos outros.

Então vem a pergunta: quais espíritos você tem atraído para seu lar? Quais espíritos você tem convidado para participar do convívio familiar, das relações pessoais, da mesa de refeições, dos momentos dentro do carro, do quarto de dormir e principalmente, quais espíritos lhe têm acompanhado nas suas conversas e sutilmente influenciado no trato com seus parentes?

Não ache exagerada a figura ilustrativa que usarei agora: você pode ser um fantoche nas mãos de espíritos infelizes diante da sua invigilância. Sabe aquela implicância que você vai cultivando pouco a pouco? Torna-se o fio cada vez mais sólido para essa manipulação mental e sentimental, ao ponto de transformar bobagens em problemas grandes. O Espiritismo ensina como usar uma tesoura para cortar esses fios que nos ligam aos irmãos que ainda se alimentam dessas cenas lamentáveis.

Mas antes, vamos entender o comportamento psicológico da maioria desses irmãos que se comprazem na desarmonia? Nem sempre eles se reconhecem como maus. A verdade é que a maioria deles não obteve êxito nas suas vivências domésticas, falindo grandemente nas suas missões em família. Para aliviar o peso de suas consciências, se comprazem em contribuir para brigas e desuniões, tentando provar para si que o desastre familiar que causaram em vida é regra de normalidade em tantas outras. Ao motivar e encorajar rompimentos nos lares com separação de parentes tentam convencer a si de que o inferno familiar é regra geral comum a todos, numa infantil afirmação de "viu só como acontece em toda família?"

Destacamos que nem todo processo obsessivo é gerado por vínculos pessoais com quem sofre o assédio da influência negativa; porém, o espírito infeliz atuará naquele lar, seja por vingança pessoal, seja por recalque íntimo, tentando amenizar suas culpas por não haver conseguido êxito em suas relações familiares. Quer provar para si mesmo que se todo mundo pode errar, se todo mundo pode falhar, ele contribui para as divergências a fim de que pareça regra geral o insucesso das famílias. Assim, ele cria para si uma pseudoverdade que o ajuda a atenuar essa culpa que carrega em seu interior. É como a criança que justifica o erro aos pais argumentando que todo mundo erra.

Fato é que Jesus alerta sobre a atenção com o estado mental quando orienta o *vigiai e orai* (Mateus 26:41). Envolvidas nos interesses materiais do dia a dia, as pessoas se afastam da sugestão amorosa do Mestre querido e abrem as portas do lar para esses irmãos infelizes que ainda permanecem nas trevas espirituais. Abrir as portas do lar também significa abrir as portas da casa mental, permitindo que entrem, sentem e façam morada.

Agora convido você a examinar de fora uma cena interessante: visualize dois parentes. Pode ser nora e sogra, pai e filha, mãe e filho, marido e esposa, enfim, não importa o grau de parentesco. Imagine agora esses dois personagens trocando pequenas farpas no dia a dia, que vão crescendo pouco a pouco, como o pequeno fósforo antes de incendiar toda a fogueira. Quem você percebe que está ao lado dessas pessoas? Imagine esses dois parentes exaltados, com veias saltadas, batimentos acelerados, nível de voz mais alto, brigando, se afastando. Num pensamento lógico e racional, quem você visualiza que seja a companhia espiritual ao lado dessas duas pessoas? A quem interessa esse rompimento?

Quando trazemos para o campo do raciocínio, fica fácil tirarmos conclusões lógicas e percebemos onde fomos nos meter. Se me permite, muito humildemente gostaria de propor uma reflexão. Antes de explodir, antes de espalhar seus argumentos raivosos, ore e durma. Sim, deixe para o dia seguinte. Entre o pensamento e a atitude, coloque no meio uma noite de sono para orar e refletir sobre isso.

Esse intervalo de reflexão pode ser providencial para proteger seu lar de tantas desavenças que poderiam ser evitadas! Fique atento, o mundo atual quer sempre estimular atitudes imediatas e impulsivas. O dinamismo da vida tecnológica incita-lhe a não parar. Mas lembro-lhe que o bom vinho é elaborado com o tempo, que o fruto amadurece com o tempo, e as coisas boas da vida só são boas por conta de necessitarem do tempo adequado para acontecer.

Você é médium. Seus parentes são médiuns. E sem querer alarmar ou fanatizar, falo com muita naturalidade que só não é passível de ser obsidiado quem vive plenamente em contato com o Alto de forma constante, o que não vemos muito no planeta Terra.

Se até monges saem do equilíbrio, se até religiosos flertam com as trevas, não é você que está imune a isso. E essa proteção espiritual para você e seu lar não virá através de palavras sacramentais, orações decoradas, objetos mágicos ou amuletos de fé.

Estamos falando da convivência diária entre encarnados e espíritos. A proteção de sua mente e seu lar só é efetiva quando construída com boas ações de amor ao próximo, com abraços acolhedores e puros, com caridade sentimental, com a aproximação prática da leveza do evangelho, com menos dedos apontados e mais mãos estendidas.

Ao se preocupar com o bem que pode fazer, o escudo do amor, o blindará de conexões infelizes. Essa é a única tesoura capaz de cortar fios que manipulam os fantoches.

Reflexões

Aqui você escreve a reflexão que esse capítulo lhe trouxe. Capriche com o coração para ajudar a fixar na alma.

Posso eu ser influenciado por espíritos infelizes quando tenho pensamentos e sentimentos menos nobres?
___
___
___

Será que sou veículo de desunião quando falo sem pensar?
___
___
___
___

Quando eu atraio influências negativas, como posso ser capaz de percebê-las a ponto de controlar a situação e cortar o vínculo ruim?
___
___
___
___
___
___

CAPÍTULO 6

Chatice nos Cuidados

Existem alguns clichês familiares. Engraçados de lembrar, chatos de vivenciar. As mães que insistem para que os filhos comam mais, mesmo que seus estômagos estejam quase explodindo. Os pais que reclamam da desorganização, as avós que julgam os netos desnutridos ou mal alimentados, não importa se justificável por escassez de refeições, ou que insistem no uso de casaco como a proteção de todos os males nocivos à saúde.

Temos também os filhos que não podem ver os pais descansando que os chamam inúmeras vezes, numa repetição que toca o sistema nervoso de quem anda esgotado fisicamente e mentalmente.

Todas essas situações são encaradas como "chateações". Algumas pessoas amam a solitude, gostam de aproveitar momentos de paz individual. Optam por morar isolados da família, comunicar-se com ela em redes sociais, encontrar os familiares apenas em datas festivas, evitando assim o que lhes parecem "incômodos" do dia a dia.

Não estou aqui para apontar certo ou errado na forma de vida escolhida. Junto ou separado, afastado ou próximo, o que importa de fato é o sentimento que cada um escolhe cultivar em seu coração. Estar perto nem significa ser um bom parente. Quem mora longe pode se fazer presente constantemente, inclusive, seja em conversas, em atenção, nos momentos de socorro ou nos instantes de alegrias ou dúvidas.

Gostaria de analisar aqui, mais atentamente, cada chateação, cada incômodo, para desvendar o que são de fato. Já parou para pensar qual seja o motivo?

Aquele parente que lhe cobra exaustivamente a disciplina e organização, não é alguém que gostaria de ser chato e rigoroso. Calma, não pense que você tenha um "general" implacável com traços de perseguição pessoal. Na maioria das vezes é alguém muito preocupado com você, que sofre por imaginar suas dificuldades no mundo social e profissional em que certamente o descompromisso poderá impor-lhe grandes dificuldades nos resultados e relacionamentos. Garanto que excluindo os casos de "tretas" pregressas, é só um cuidado em lhe proteger dessas complicações. O papel dos pais também é esse: cobrar primeiro em casa para amenizar as cobranças da vida que estão por vir.

Nesse quesito, espíritos que reencarnam e por alguma razão não contam com esses "professores" domésticos que cobram, exigem e orientam durante o processo de educação no lar terão mais dificuldades para aprender sozinhos ao enfrentar os obstáculos da selva social quando adultos.

Quanto ao parente que deseja que você coma até explodir, esse parente que lhe empurra comida, age assim por dois motivos: já notou que muitas vezes foi essa pessoa que preparou a comida ou pagou por ela e agora espera ansioso por seu elogio? Não só pela vaidade, mas por depender muito de sua aprovação, pois nesse momento o empenho é garantir a sua alegria e satisfação.

Apesar das compulsões e vícios alimentares que isso pode acarretar, a comida tem esse lugar do afeto, e essas pessoas expressam o carinho delas na forma do alimento dedicado a você. Pode ter custado tempo em todo o preparo, como pode ter custado o dinheiro, fruto de seu trabalho. Essa postura por vezes invasiva pode não ser a forma mais elegante e sutil, mas ainda assim é uma expressão de carinho.

Aquelas mães ou avós adoráveis, preocupadas com uma pneumonia fatal e súbita, enxergam o casaco e o guarda-chuva como escudos de salvação pelo fato de você ser importante para elas. Sei que às vezes beira o exagero, mas o objetivo também não é pegar no seu pé, e sim garantir que o amorzinho de suas vidas não sofra num leito.

Veja como por trás de "chatices" na verdade está o amor. Isso aqui não é um habeas corpus para parentes abusivos e invasivos. Mas é um pedido para que você tenha um olhar mais grato e paciente sobre esses irmãos queridos que se preocupam de verdade com você. Quem retorna para o lado de cá costuma ter muita gratidão com a preocupação advinda desses carinhos zelosos. E quem fica por aí, costuma sentir muita falta dessas pontuações cuidadosas que deixam de ouvir quando saem do lar para construir suas próprias vidas, seus próprios lares.

Quanto aos filhos "papagaios" que chamam impacientes os pais, numa repetição severa... Ah, esses aí estão incluídos no pacote da missão paternal e maternal. Espíritos queridos que retornam à vida, com toda a ansiedade de quem tem pressa de viver. Oportunidade de fazer crescer a paciência, testar os nervos e lhes dar o que solicitam: atenção. Sim, são carentes de atenção.

O comportamento dos filhos geralmente é pautado por requisição de atenção que nem sempre é sentida na dinâmica apressada do dia a dia. Chamar insistentemente pode significar "olhe para mim", "se doe para mim" ou até um "preciso de você", que as multitarefas de uma vida corrida não deixam perceber, e são classificados de forma equivocada como um teste de paciência.

Mas, atenção: amor não significa pais reféns de filhos. Os limites devem ser instaurados com base na razão. Ninguém deve virar dependente emocional do outro. Pais superprotetores que atendem todos os caprichos dos filhos de forma imediata não contribuem para o amadurecimento desses seres. Com atenção e cortesia, num diálogo racional e respeitoso, é importante solicitar ao filho que aguarde quando necessário.

Já no caso de mães, pais, avós e tios, é uma caridade espiritual ajudar-lhes na sensação de dever cumprido. Por exemplo, o que custa levar o tal casaco mesmo que não vá usar? Se preferir, deixe guardado, mas demonstre para a pessoa a gratidão pelo amor endereçado a você. Em relação à insistência sobre a comida, se possível, prove uma pequenina colherada a mais. Se não for possível, apenas faça um elogio carinhoso que demonstre que o objetivo em agradar foi realmente alcançado.

Sobre a desorganização, vê se toma jeito! (risos). Brincadeira à parte, para alguns o exagero na disposição de objetos é transtorno psicológico que só proporciona calma e alívio quando percebe cada coisa em seu lugar metodicamente organizada. Para outros, a "bagunça organizada" num clima desleixado pode até não atrapalhar a eficácia de quem não liga para essa disciplina material.

Entretanto, é caridade para com o próximo buscar não atrapalhar sua rotina. Se sua bagunça começa a trazer transtorno para outros, repensar isso é generosidade, senso de respeito ao outro. Afinal nossos parentes não têm a obrigação de atuar prontamente ao nosso dispor. É uma postura abusiva e egoísta explorar a boa vontade de familiares. Isso vale para filhos, maridos, esposas, netos e assim por diante. Se sua bagunça atrapalhar somente a você, menos mal. Mas aceite o convite carinhoso (às vezes nem tanto) de quem incentiva sua disciplina para sua melhora pessoal.

E vamos combinar o seguinte: a partir de hoje quando você pensar "fulano é muito chato, sempre pegando no meu pé" substitua por "fulano está sempre se importando comigo, é a forma dele externar cuidado e preocupação". Cada um tem sua forma de expressar sentimentos e cuidados. Mas não deixe de perceber e valorizar. Reconheça os atos de amor disfarçados sob as imperfeições.

Reflexões

Aqui você escreve a reflexão que esse capítulo lhe trouxe. Capriche com o coração para ajudar a fixar na alma.

VOCÊ TEM ALGUÉM QUE LHE COBRA POSTURAS E ATITUDES? SERÁ QUE A INTENÇÃO DESSA PESSOA É SIMPLESMENTE SER CHATO, OU HÁ UMA FORMA DE AMOR E CUIDADO POR TRÁS DESSA ABORDAGEM?

_____
_____
_____
_____

A PRESENÇA DESSAS PESSOAS QUE PARECEM CHATAS POR ALGUNS MOMENTOS E AÇÕES CONTRIBUIU PARA SUA CAMINHADA?

_____
_____
_____
_____
_____

QUEM AMA DE VERDADE, IGNORA OU SE PREOCUPA?

_____
_____
_____
_____
_____

CAPÍTULO 7

Automatismo e Presença

Relações online, mensagens automáticas por rede social e mesas vazias. Presentes valiosos, facilidade de acesso a sites de compra, geração constante de prazeres imediatos e efêmeros, Excesso de realizações instantâneas e passageiras, pouco cultivo de comportamentos permanentes e duradouros.

A globalização das múltiplas telas, as recompensas mentais superficiais, os vícios materiais em sensações ilusórias de prazer trazem um alegria robotizada que dura poucos minutos e se esvai entre os dedos. É o que se conhece por liquidez irracional, de qualidade perecível, rápida, dos pensamentos e atitudes.

Levar essa cultura instantânea para a família esvazia as mesas de refeições, as reuniões no sofá, a bagunça na cama e as conversas na cozinha. Nada mais parece ter importância do que as recompensas imediatas das notificações alertando que um novo objetivo foi alcançado ou que um novo interesse lhe espera.

O tempo passa, as encarnações passam, as pessoas passam, mas só as construções afetivas ficam. A pergunta desse capítulo é: quais as construções afetivas que temos edificado? Que presença temos marcado? Alguns pais tentam suprir suas ausências físicas e sentimentais com recompensas materiais. Claro que os filhos se alegram no instante da entrega, mas depois eles sentem de forma lúcida o vazio do que realmente importa. Laços frouxos que deveriam estar mais apertados.

Igualmente os filhos assim agem em relação aos pais, com suas correrias de estudo e trabalho, nesse mundo que induz a competitividade para ser o melhor e mais ocupado, onde o sucesso parece morar nas posições impossíveis, num desgaste da máquina física e mental para anos mais tarde observarem que o importante deixou de ser vivido, sentido e presenciado.

Crianças geralmente são francas, dizem o que pensam. Por serem recém-reencarnadas não tomaram posse total dos recursos da personalidade que lhes permitam controlar seus sentimentos e pensamentos. Daí o que costumamos chamar de pureza na fase da infância. Noutras palavras, são espíritos que ainda não recobraram a percepção total de suas imperfeições e vícios e possuem lentes limpas com menos interferência desse mundo de interesses fúteis e frios.

E nesse estado de ingenuidade, experimente perguntar para elas o que preferem: tempo para brincar com os pais ou apenas os presentes deles. Dirão, com certeza que preferem brincar. Essa presença é chave para abrir a porta dos corações ainda trancados e bloqueados por vivências de vidas passadas e ocorrências da vida atual. Marcas do consciente e inconsciente esperando para serem curadas e cicatrizadas através da reparação pela união e amor.

A expressão "ser presente" tem dois significados incrivelmente diferentes e iguais. Você pode pensar na presença física e por isso estar presente, bem como você pode se referir sobre sua atuação e ser um presente na vida de alguém.

Quantas vezes as pessoas estão presentes fisicamente só para atender às convenções sociais mas, é como se nem ali estivessem? Fecham-se em seus mundos particulares, trocam poucos carinhos, poucas palavras, nenhum olhar. Os olhos estão presos nas telas e a cabeça em mil preocupações simultâneas. Estão presentes fisicamente, mas ignoram as presenças, evitam as trocas, como se quisessem não estar ali, repito.

Assim seguem plantando o remorso que mais tarde será colhido, fruto da não valorização do outro, percebendo a grande perda de oportunidade só quando sentirem falta, quando não puderem mais ter os momentos que escolheram não aproveitar.

Estar junto não é só para o lazer incrível e sedutor. Estar junto é compartilhar do sorriso sem compromisso, da atenção como quem quer ouvir, do carinho como quem quer estar, da oferta de se doar um pouquinho para o outro ser que compartilha a vida com você.

Você não é robô, não é aplicativo, não é algoritmo – essa quase máfia dos estímulos compensatórios que ativa no cérebro o circuito que processa a sensação de prazer: impulsionada pelas informações, faz com as pessoas ajam como animais adestrados e condicionados, priorizem impulsos e instintos fisiológicos, abandonem a capacidade de racionalizar.

A proposta da reencarnação é que a evolução nos capacite para ter mais sentimentos do que instintos, aprendendo, aos poucos, a escolher com a razão em detrimento dos impulsos egoístas de nossos vícios saciados por sensações provisórias e fugidias.

A filosofia espírita vai falar sobre os vícios humanos de um ponto de vista muito além dos vícios em álcool e drogas, por exemplo. Os vícios humanos estão ligados aos prazeres terrenos: no campo da alimentação desequilibrada; da sedução despida de sentimentos; do sexo desregrado; da ganância material muitas vezes representada por compulsões por compras desnecessárias; do desejo de poder a todo custo; e outras sensações entregues pela função hormonal do corpo humano não equilibrada e nos tornam egoístas e irracionais.

Sabe um animal irracional que troca mordidas e arranhões com um adversário por causa de alimento? Proporcionalmente, humanos são capazes disso quando não querem abrir mão de suas satisfações pessoais, com seus imperceptíveis vícios físicos e mentais, não importando o prejuízo e dor que podem vir a causar. Ao se comportar como animal, o ser humano exercita esse prazer egoísta, sempre priorizando os próprios interesses.

Fazer-se presente passa pelo exercício oposto. Ser presente é abrir mão de outros convites e distrações para se dedicar por um instante àqueles que receberão seu amor em forma de atenção. Pode significar em algumas ocasiões abrir mão de algo que representa interesse pessoal, sensação de prazer e satisfação extra, para gerar benefício para seu familiar.

Não estou lhe cobrando esse nível de elevada iluminação, mas refiro-me apenas ao treino de desapego, entendendo que fazer e agir no tempo do outro também é caridade sublime, aprendendo que nem sempre as coisas serão do seu jeito.

É natural que você não esteja preparado para uma vida de total renúncia em nome do bem-estar do outro. Não é isso que eu lhe peço aqui. Esse desprendimento total de interesses próprios com uma completa renúncia de si é prática de espíritos iluminados, minoria na Terra, que reencarnam para ensinar e tocar corações. Esses seres já vivem no sentido da fala de Paulo: *não sou mais eu quem vivo, mas é Jesus quem vive em mim*, (Gálatas 2:20-21) e seria cruel e torturante indicar algo que ainda não esteja ao tempo de se realizar. Você está na estrada, está no caminho. Um dia alcançará essa condição.

Permito-me abrir parênteses para dizer que embora espíritos especiais, que já estejam em maior patamar amoroso, venham colaborar com o crescimento moral e espiritual dos indivíduos, eles podem estar em corpos limitados e deficientes; aceitam, de forma nobre e desprendida, nascer sob grandes dificuldades físicas a fim de ensinar a prática da dedicação através dos cuidados amorosos. Engana-se gravemente quem pensa que portadores de necessidades especiais são sempre algozes do passado que reencarnam para resgatar males praticados.

Quanto ao egoísmo de só pensar na satisfação própria, descubra a leveza de agradar e servir. Viva de verdade cada momento, abandonando a letargia imposta pela rotina robótica. Seja humano, seja vivo, seja de verdade.

Reflexões

Aqui você escreve a reflexão que esse capítulo lhe trouxe. Capriche com o coração para ajudar a fixar na alma.

Diante de quem eu amo, me faço presente de corpo e alma?

_____
_____
_____
_____

Gosto mais de dar ou receber coisas boas?

_____
_____
_____
_____
_____

O que aconteceria comigo se eu descobrisse ser especial para os outros, ao perceber que gero sorrisos genuínos e afeto entre os que me cercam?

_____
_____
_____
_____
_____

CAPÍTULO 8

Eu não pedi para nascer. Será?

Olá. Muito prazer. Quem é você?
Você já se conhece? Já foi apresentado a si próprio?
Eu sei, estamos aqui para falar da família problemática, daquele parente complicado... Mas, não tem como fugir. Precisamos falar de você e de todos nós.

Você já se permitiu conhecer a si próprio? Alguns sábios já repetiram essa máxima importantíssima do "conhece-te a ti mesmo". Fato é que se não conhece a verdade, você vive enganado, tira conclusões confusas e equivocadas, sempre apontando erros no lugar errado. Para uma goteira vemos a solução no balde do chão sem perceber a causa no telhado quebrado. Geralmente o erro parece estar sempre no outro, já percebeu?

E quem somos nós? Você é um espírito dentro de um corpo. Sim, você é uma alma. Se for espírita ou espiritualista já entende bem esse conceito, se não é, lhe apresento esse detalhe. Você é uma alma habitando um corpo físico. Tem medo de espírito? Não tenha medo de mim (risos), e a partir de agora lembre-se que você também é espírito.

Mas por qual razão você está aí dentro desse corpo? Explico-lhe. O Criador, que você pode chamar de Pai, Mãe, Todo Poderoso, Força Suprema, Deus ou o apelido carinhoso que desejar, Ele não dá nadinha de mão beijada para ninguém, porque Pai que é Pai prepara seus filhos para crescer e desenvolver. Pai que só facilita e mima torna os filhos reféns e dependentes da ação de terceiros.

Já observou adultos que foram crianças mimadas e superprotegidas? Geralmente tornam-se adultos fragilizados e dependentes. O Pai Divino não comete esse erro. Ele não tem os atributos humanos dos pais imperfeitos. Ele lhe dá as ferramentas e espera de você suas ações com méritos e prejuízos, numa colheita apropriada e de construção justa. Deus lhe dá a oportunidade de habitar um corpo, nascer num planeta e conviver na sociedade para que você, por conta própria, se desenvolva nos aspectos intelectuais e morais, evoluindo como ser.

É nascendo e renascendo que você evolui. Com Deus não tem aquelas histórias fantasiosas de criar seres angelicais, santos, espíritos de luz e similares que não tenham caminhado desde a criação, num processo meritório de desenvolvimento e crescimento, conquistando os atributos do ser até se tornarem o que são pela maravilha evolutiva.

É verdade, temos essa novidade aí: um dia você vai ser alguém bem mais bacana do que é hoje. Não que você não seja grande coisa, mas é que ainda falta bastante, né?

Vamos, sim, todos nós um dia resplandecer a luz forte e ampla da energia pura e amorosa, socorrendo, instruindo e auxiliando a outros ainda em patamares anteriores em que estivemos antes. Mas, antes... Ah, antes! Como teremos histórias para viver, experimentar, tropeçar, cair, levantar, seguir, chorar, reconciliar, perdoar... Enfim, amar.

É para isso que temos novas oportunidades de reencarnação. Só assim o espírito evolui e adquire patrimônio espiritual para subir novos patamares.

Não vou mentir: se você que é usuário do "plano reencarnatório" contratou como adicional o pacote *"evolution plus"*, certamente sua encarnação vem equipada com família, parentes e tudo o que possa trazer amor com uma boa dose de provas e com boas pitadas de expiações, inclusive.

É isso, não tem mistério. É através do convívio familiar e social que aprenderá na prática a vivência de sentimentos mais nobres, terá as oportunidades de aprender a perdoar, ter contato com, pelo menos, os conceitos teóricos de indulgência e benevolência, embora grande parte ainda prefira agarrar-se à malevolência e maledicência.

E a palavra "vontade"? Você já sabe o significado dela?

Você tem vontade de se melhorar, de viver em paz, de viver o amor? No primeiro impulso, você vai responder que sim, que tem essas vontades. Mas você entende o que é vontade?

Vontade é diferente de desejo. Vontade não é apenas "querer". Você pode desejar e ficar ali sentado, só desejando que um dia algo caia do céu, que por milagre ou por um "acaso" se materialize em sua frente aquilo que tanto deseja.

Vontade é ação. É capacidade de tomar posição, é ter ambição. E muitos têm desejos, mas nem todos têm a vontade para levantar e agir. Muitos têm o sonho, mas falta a vontade que significa se movimentar para realizar. Todos têm o desejo de viver o amor, de sentir paz, de habitar em zonas superiores, mas nem todos já despertaram em si o amor ao próximo e a vontade para construir esse estado de luz que tanto esperam.

E num alerta muito sincero, Jesus nos diz em todos os seus ensinamentos: para colher essa paz que queremos, será necessário plantá-la. Na lei de Justiça, impossível colheita sem plantio.

E no seu lar, você já começou a plantar o que espera colher? Alguns cultivos precisam de mais ou menos tempo, dependendo do tipo de solo, de semente e de clima. Meu caro jardineiro, sugiro-lhe que comece a plantar imediatamente, para que em breve possa degustar uma colheita saborosa irrigada com muito amor e fortalecida pela sensação de dever cumprido.

Família, família... Lembrada em tantas canções populares! É uma grande oportunidade de colocar essa vontade para acontecer. É hoje, é agora. Essa mudança está aí. É o bonde da evolução passando na sua porta e convidando-o para embarcar.

As piadas sobre família supostamente são engraçadas quando tratam dos dilemas vividos nos lares, das desavenças familiares, trazendo as trapalhadas das limitações morais e egoístas vivenciadas nesse grupo de convívio.

Entretanto, indo mais a fundo, o que parece engraçado e provoca risos esconde dramas reais, cicatrizes profundas que, em alguns casos, ainda permanecem abertas e expostas, mas quase ninguém vê.

Mas eu não pedi para nascer! Pediu. Pediu, sim. A maioria implorou pela nova oportunidade de vida para ajustes, acertos e consertos. Poucos são os espíritos de reencarnação compulsória, aquela que o espírito é "obrigado" a vivenciar. A esmagadora maioria aguardou ansiosa pela oportunidade de reviver, para fazer diferente, para fazer melhor.

Sim, é natural sentir essa preguiça, essa falta de ânimo e coragem para trabalhar intimamente no bem. As relações cotidianas são trabalhosas. Mas observe o amor como uma obra de arte. Um escultor se doa por horas e horas, cada momento, cada suor e cada olhar dedicado aos detalhes de sua escultura. As relações interpessoais serão o resultado desse trabalho dedicado aos detalhes, que, como dizem, fazem a diferença.

Ao relacionar-se com outros seres tão imperfeitos quanto você, "engolir sapos" é um exercício de indulgência. Porém, tudo bem se você acha que ainda não é seu momento de amar. Mas, já deixe avisado em sua consciência: quanto mais adiar o amor e a misericórdia, mais se demorará no estágio de incômodo e sofrimento.

Seja a feita a vontade de Deus? Não. Nesse caso, é a sua vontade que vai contar. A vontade de Deus é que você sinta mais amor, compaixão e perdão. A responsabilidade está contigo, afinal, você pediu, sim, para nascer.

Reflexões

Aqui você escreve a reflexão que esse capítulo lhe trouxe. Capriche com o coração para ajudar a fixar na alma.

Consigo enumerar três boas características presentes em mim?

_____
_____
_____
_____

Já sou capaz de perceber três defeitos em mim que incomodam ou ferem outras pessoas?

_____
_____
_____
_____

Ao lembrar que sou um espírito vivendo dentro de um corpo, posso notar que estou progredindo aos poucos, e há erros que já não cometo mais?

_____
_____
_____
_____
_____

CAPÍTULO 9

Pequeno Universo Particular

Construir um mundo melhor. Vemos movimentos sociais, grupos religiosos, cidadãos de bem, todos em busca de um mundo com mais paz, amor e bem-estar. Pensam em grandes feitos, grandes obras, sem observar que a maior delas pode ser imperceptível aos olhos insensíveis de uma maioria distraída. Mas como construir isso tudo lá fora nas ruas, cidades e países, se não começar dentro dos pequenos universos particulares?

Não seria mais honesto e concreto começar a fazer a diferença arrumando sua própria bagunça? Se dentro da minha família eu não conseguir ser um agente de melhoria e transformação, como acho que num passe de mágica conseguirei ser esse agente no universo?

Muitos olham quem está nos palcos, nos microfones, nas mídias, sem saber que no mundo espiritual a quem mais é dado mais será cobrado (Jesus em Lucas

12-48), e que muitos anônimos atuam com imenso amor em missões sem destaques externos. Uma árvore forte, antes de romper o solo e crescer, primeiro fixou raízes no fundo da terra.

A família é seu pequeno universo particular, é sua raiz. É como um campo de treinamento, onde você pode se preparar para essa função de construir boas ações de dentro para fora. É a família sua primeira oportunidade de ser sal da terra e temperar a vida de quem caminha ao seu lado.

Fácil encantar olhares passageiros com uma magia superficial. Mas o propósito espiritual é ser boa essência no convívio com os seus, praticar ações verdadeiras em estado de permanência. É na família que acontecem seus primeiros passos, primeiros erros, primeiras quedas. É na família sua primeira noção de dever, de realização, de companheirismo, de amor e de espaço.

"É preciso amar as pessoas como se não houvesse amanhã", já dizia Renato Russo e a Legião Urbana em 1992 na canção Pais e Filhos. Talvez você tenha cantado essa frase que ecoa nas mentes de quem já começa a ter alguma ciência de onde precisa chegar. É bonito falar, mas difícil praticar por ainda carregarmos, quase todos, o peso do egoísmo que mantem braços cruzados e corações presos. Ainda sob o instinto animal de sobrevivência, muitos são focados em si, pensam somente no seu próprio bem-estar, calculando com cuidado quais os impactos do bem-estar de outrem sobre seu interesse próprio.

É chegado o momento de substituir gradativamente o instinto pelo sentimento. Todos vão adquirir a razão da alma, a razão do amor, e não somente do conforto individual.

Fazer o amor vencer é a principal proposta da vida. É dizer simplesmente que é para isso que você nasceu. Não há outro propósito se não deixar o amor vencer em você. A família é esse pequeno laboratório do eu comigo e do eu com o mundo.

E será nessas relações que você entenderá seu lugar. Pode ter um pai ditador, uma mãe rainha, ou um filho mandão. Assim como podemos ter pais dedicados e filhos que se esforçam em servir. Tudo isso é teste de conscientização e educação do espírito para aprender a generosidade.

Aqui abrimos aspas para um tema de pedagogia espiritual. Esse "servir generoso" não significa ter pais submissos aos caprichos dos filhinhos. O papel de responsabilidade na orientação dos espíritos que vêm como filhos é o de buscar equilíbrio e maturidade até para frustrar esses seres quando necessário. Pais que frustram seus filhos em ocasiões em que essa atitude é positiva os preparam para os revezes da vida. A vida dirá "não" muitas vezes aos nossos desejos e caprichos. Pais que só dizem "sim" criam indivíduos fragilizados e mimados que sofrerão nas mínimas contrariedades educadoras do cotidiano.

No outro extremo temos pais durões, que entendem ser preciso criar filhos com chicote nas mãos, e jogam para longe o acolhimento e apoio. Por isso afirmamos que o espaço de convívio familiar é esse microcosmo de capacitação do coração, escola sem igual.

A partir daí você conseguirá imaginar como está a se preparar para a sociedade, como está vestido intimamente para oferecer ao Mundo o que tem dentro de você. Por mais que fora de casa você exiba uma imagem de credibilidade, é da porta para dentro que você sabe quem verdadeiramente é.

Peço que nesse momento não tome como tom ameaçador o que vou dizer e que não entenda como disseminação da fé através do medo, mas compreenda que após o desencarne é muito comum o remorso e arrependimento pelas faltas cometidas nas relações em família. É que após cair em si e compreender o motivo de cada posição na roda viva da existência, percebe-se as oportunidades perdidas do planejamento traçado previamente, e compreende-se que tudo estava de acordo com a sabedoria divina.

Entretanto, quando o espírito falha nos compromissos familiares, não acreditamos em oportunidade desperdiçada, porque até quando há o insucesso, existem alguns aprendizados importantes para a sua caminhada. Na matemática do amor, nada se perde, tudo se aproveita.

Se um parente "fácil" as pessoas gostam de considerar como presente em suas vidas, o que seriam então os parentes "difíceis"? A verdade é que as dificuldades são presentes que nos fazem crescer. Esse parente difícil é o irmão que lhe ajuda a crescer, desenvolvendo recursos sentimentais que necessitam de aprimoramento.

Podemos aqui traçar um paralelo com os espíritos aos quais, as pessoas em geral preferem chamar de "obsessores". Eu prefiro não chamar de obsessor, mas entendo que são irmãos. Só irmãos. São seres que amam de forma equivocada, que se apegam ao desejo de vingança, que preferem buscar formas de odiar e atrapalhar, mas que no fundo, sem perceber, nos ajudam a crescer na superação dos dilemas provocados por eles.

Ainda nessa analogia, se esses espíritos infelizes são tratados e convencidos através do amor do Evangelho nas mesas mediúnicas, esses parentes de difícil convivência também clamam por compreensão e amor. Mesmo que não compreenda ou não alcance, todo "chato" é alguém que grita desesperado por carinho.

Qual posição você prefere ocupar: ser o chato que clama por atenção ou o chateado que precisa estender a mão? Desejo-lhe uma boa escolha.

Reflexões

Aqui você escreve a reflexão que esse capítulo lhe trouxe. Capriche com o coração para ajudar a fixar na alma.

COMO SERIA UM MUNDO MELHOR ONDE EU GOSTARIA DE VIVER E COMO POSSO CONTRIBUIR PARA A CONSTRUÇÃO DESSE MUNDO QUE EU DESEJO?

_____

_____

_____

SE EU NÃO SOU CAPAZ DE TRANSFORMAR TODO UM PLANETA, POSSO COMEÇAR TRANSFORMANDO MEU PEQUENO MUNDINHO (FAMÍLIA E LAR)? COMO POSSO CONSTRUIR UM AMBIENTE SAUDÁVEL DE PAZ?

_____

_____

_____

QUAIS AS MINHAS CARACTERÍSTICAS QUE TÊM DIFICULTADO ESSA MISSÃO?

_____

_____

_____

O QUE PRECISO MUDAR EM MIM?

_____

_____

_____

CAPÍTULO 10

Traumas: Carregar ou Causar?

Frases como "a pessoa deve ser traumatizada", ou "isso foi um trauma de infância" ou ainda "e depois fica o trauma", são sinais de que durante nossas relações pessoais em meio aos impactos sofridos e causados, surgem feridas que costumam deixar marcas.

Trauma é aspecto muito considerado na psicanálise e Freud foi o primeiro a explicá-lo. O significado da palavra trauma vem de ferida. Os traumas emocionais são feridas na memória deixando marcados no íntimo os sentimentos como tristeza, angústia, medo, aflição, enfim sofrimento.

Você, até sem perceber, pode estar causando um trauma em quem divide momentos consigo. Mesmo que não saiba, que não perceba, pode estar carregando traumas. Precisamos falar sobre isso para amenizar e até evitar feridas naqueles que convivem com você.

É o velho desafio de nós contra nós mesmos. Domar as más tendências, domar a língua, alinhar bons sentimentos. Muitas vezes o grosso e estúpido só sabe que assim se portou depois que já cometeu a agressão verbal. E não raro, pessoas cometem indelicadezas que causam mágoas sem nem perceber que fizeram por não possuírem noção e sensibilidade para tal.

Ser tóxico numa relação familiar pode ser algo que fazemos de forma consciente ou inconsciente, muito mais por ignorância do que por maldade. Aliás, a maldade é uma ignorância, pois é a falta de conhecimento espiritual. As pessoas não escolhem ser assim. Poucas são as pessoas realmente cruéis para agirem de forma calculada e proposital. Muitas são por simplesmente nem ter a lucidez para se perceberem assim.

O significado da palavra tóxico é ser nocivo, fazer mal, causar prejuízo. Isso vale para substâncias tóxicas, como vale para pessoas tóxicas. Alerta de polêmica: quem está encarnado no planeta Terra e diz que nunca foi tóxico, é distraído ou é mentiroso.

Calma, eu explico. Mentiroso para quem souber da nocividade que já praticou, e distraído para aquele que nunca percebeu quando ofendeu, magoou e feriu.

Sem culpa, sem condenação. Mas é importante abrir os olhos para esse esforço em tentar se melhorar.

Fique tranquilo, ninguém poderá lhe atirar pedras, pois de tóxico e louco, todo mundo tem um pouco. Mas a tendência natural é que possamos amenizar, sublimar, até que mudemos por completo o patamar amoroso.

Quantas vezes filhos impacientes, prepotentes e mimados dirigem palavras rudes aos pais demonstrando ingratidão e egoísmo? Dependendo do estado emocional desses pais, se estiverem num momento de fragilidade ou vulnerabilidade emotiva, a pedrinha atirada pode se transformar numa avalanche emocional. Pode refletir em explosão indignada ou em sofrimento silencioso, causando tristeza ou até revolta pela mágoa revestida por falta de reconhecimento.

Preciso abrir parênteses! E juro, não sou profeta e nem precisa "espetacularizar" essa informação. É só uma observação: a medicina vai tratar cada vez com mais naturalidade os efeitos nocivos no organismo derivados dos sentimentos abafados, como desequilíbrio da homeostase orgânica, danos celulares e processos somáticos causados pelos processos emocionais.

O ideal é compreender que "negociar", combinando e chegando num termo comum, é o melhor caminho para entendimento mútuo; ouvir e falar, numa escuta atenta e compreensiva; não precisar explodir, mas compartilhar as questões de modo a não armazená-las num processo de dor silenciada; poder externar seu pensamento com calma, num diálogo racional e respeitoso; respirar, refletir e colocar as cartas na mesa, estabelecer limites e direitos; dar a oportunidade ao outro para entender o que se passa e o que causou.

Parênteses fechado e voltando à programação normal do capítulo, esse filho pode sair pela porta sem nem ter percebido a profundidade do impacto causado. Daí a importância dos diálogos.

Se eu trouxe o exemplo do filho ingrato e agressivo, me permita trazer o exemplo campeão de audiência dos desencarnados infelizes: os pais tóxicos que traumatizaram filhos involuntariamente.

Nesse trecho, muitos leitores se identificam. Mas quero combinar uma coisa com você: vamos ler isso já cultivando o perdão? Vamos entender esse processo enviando um abraço mental aos queridos que tentaram criá-lo oferecendo o melhor que tinham, mas que infelizmente ainda trazem muitas limitações?

Sim, pais costumam ser preocupados. A falta de alicerce psicopedagógico faz de grande parte deles educadores improvisados, amadores, utilizando ferramentas rudimentares e equivocadas.

Um exemplo de trauma: "meu filho tem que aprender a ser homem". Para isso tratará a criança com menos carinho, falará num tom mais alto, vai impor tarefas mais árduas e sacrificantes e, sem perceber, falta de acolhimento, de sensibilidade, de amizade, prejudicando valores lindos para o desenvolvimento desse irmão recém-reencarnado.

Outro exemplo de trauma pode ser: "minha filha é uma moça de família". Para isso utiliza termos ofensivos se a vir com um *crush*, ou se ela escolhe roupa mais chamativa, humilhando-a, agredindo-a verbalmente, praticando uma espécie de cárcere emocional.

Tais palavras podem ecoar na cabecinha desses filhos para sempre e causar baixa autoestima, grande sensação de culpa, não gostar de si, dificuldade de interação e comunicação e assim por diante.

Mais uma vez ressalto que esses pais agiram muito mais por ignorância do que por maldade, e hoje só nos é permitido observar dessa forma, porque já passamos por esse estágio. Por isso não posso condenar o que sei que já pratiquei num distante passado de minhas encarnações.

Mas, voltando a lembrar da condição desses pais, eles ainda não podem ofertar aquilo que não possuem. Não se pode esperar uma poesia escrita de uma mãe analfabeta como não se pode receber uma escultura feita por um pai que não tem o talento para esculpir.

Não posso deixar de passar por um ponto ainda recorrente na sociedade brasileira: a preocupação dos pais quanto à orientação sexual de seus filhos. Essa preocupação pode ser genuína, porque esse filho poderá sofrer a dor do preconceito e da discriminação. Ter filhos LGBTQIA+ lamentavelmente é se preocupar se vão sofrer violência ou humilhação nas ruas, no trabalho, na vida.

Porém, para muitos pais a genuína preocupação não é só essa. Falo dos casos de pais que veem nesses filhos verdadeiras aberrações, desastres, maldições diabólicas condenadas por Deus. Esse assunto renderia um livro à parte porque entraria nos dogmas religiosos criados pelas igrejas tradicionais. Lembremo-nos de que o próprio Jesus jamais condenou ninguém por sua orientação sexual.

Jesus condena a falta de amor e o julgamento impiedoso. Isso, esse tipo de religioso ainda não consegue enxergar. Por favor, troque a vontade de voar nesses pescoços pela oração de misericórdia e compreensão que necessitam. Pratique a empatia amorosa que solicita para si.

Não aceitar as características de cada um, é falta de amor. Se um filho gostar de tipos inusitados de música, simpatizar com pensamentos políticos e sociais opostos e tiver orientação sexual diferente, ainda assim merece ser amado como é, com sua singularidade.

Quando romantizamos a maternidade e a paternidade falamos em "amor incondicional", mas muitos não prestam atenção nesse termo. Amor incondicional é não estabelecer condições para amar. "Ah, eu te amo se você pensar igual a mim", ou "eu te amo se você fizer o que quero" ou "eu te amo se você não me contrariar". Na verdade é um amor limitado, condicionado e já com alguns traços de narcisismo.

Pare de perder tempo. Pare de desperdiçar esse encontro afetivo e espiritual. Desenvolver empatia e acolhimento é entender que sua língua pode ser flecha que fere, perfura e deixa marcas. Evite fazer outro sangrar ou até morrer sentimentalmente. Já colecionamos traumas. Agora é hora de começar a colecionar curas.

Reflexões

AQUI VOCÊ ESCREVE A REFLEXÃO QUE ESSE CAPÍTULO LHE TROUXE. CAPRICHE COM O CORAÇÃO PARA AJUDAR A FIXAR NA ALMA.

Quantas vezes você já "explodiu" contra aquele que lhe escutava?

_____
_____
_____
_____

Evitar a explosão emocional é louvável. Mas guardar angústias pode ser nocivo. Se eu não compartilhar, a outra parte terá real noção da situação?

_____
_____
_____
_____

Quais seriam os efeitos se você se preparar para uma fala calma e com escuta respeitosa entre as partes?

_____
_____
_____
_____
_____

CAPÍTULO 11
Planejando Mudanças

Quem não tem parente complicado? Refiro-me àquele que só traz problema e confusão, que problematiza e só lamenta, daquele que pede a mão, mas na verdade já quer o braço... Mas, espera aí? Sei bem como são as famílias terráqueas. Mas quem disse que você também não é complicado? Geralmente a "pessoa problema" não sabe o transtorno que causa, não sabe a fama que desenvolveu e parece não ter espelho em casa.

Jesus fala sobre a capacidade que temos de enxergar no olho do outro um pequeno cisco, mas ainda incapazes de enxergar uma enorme trave no próprio olho (Lucas 6:41-46). Ao olharmos para o espelho da alma, o que será que perceberemos que podemos modificar em nós? Tenho certeza que há uma lista enorme. Mas pequenos passos já são de grande importância. E sim, saiba que normalmente você vai reparar características ruins nos parentes e nem vai perceber os defeitos inconvenientes que você possui e que afetam os demais.

Tenha olhos de ver e ouvidos de ouvir (Mateus 13:9). Se preocupe em perceber como as pessoas se sentem. Sabe o parente egoísta que só pensa nele? Feio, né? Atenção para que essa pessoa não seja você. Falas como: "não me importo com a opinião de ninguém"; "os incomodados que se mudem"; ou afirmações similares, podem reforçar o traço egocêntrico e a falta de empatia com os demais, num comportamento que agride e afeta a boa convivência. Certamente Jesus não aconselharia essa posição.

As pessoas tentam enquadrar esse tipo de comportamento como se fosse uma postura empoderada com bases na razão, quando na verdade é um desserviço para o amor espiritualizado que buscamos para alcançar a auto iluminação.

Após lembrar que devemos inicialmente tentar usar nosso próprio espelho para detectar em nós a necessidade de mudança, você voltará sua esperança para aquele parente que você gostaria que mudasse porque queria que ele fosse do "seu" jeito. Mas, provavelmente ele não vai mudar.

É prepotência infantil achar que poderia modificar todo o mundo ao seu redor, quando a meta deveria ser modificar a si mesmo. E cá entre nós, usando de muita honestidade, como modificar o mundo se não conseguir mudar a si próprio? É teimosia ingênua querer mudar todos à sua volta. Melhor é mudar a si. Mas, o comodismo e a vaidade fazem a pessoa preferir tentar perder tempo mudando os outros, num engano de consciência, recusando-se a enxergar o óbvio que seria a busca pela autotransformação.

Mudar a si é se tornar mais paciente e resignado com aquilo que não é possível transformar, e desenvolver a humildade de entender que nem tudo sairá do nosso jeito.

Lembramo-nos de um trecho da chamada Prece da Serenidade que diz:

Concedei-me, Senhor, a Serenidade necessária, para aceitar as coisas que não posso modificar; Coragem, para modificar aquelas que posso, e Sabedoria, para distinguir umas das outras.

Igual atitude nós devemos aplicar às pessoas. Se não se pode mudá-las – e aconselho que não vivam nessa ilusão – deve-se, pois, aceitá-las e amá-las o máximo possível. Se você decidir amar à distância para evitar novos traumas, entenderei. Mas, liberar perdão é um ato de amor com "selo Jesus de aprovação".

Pode lutar para modificar à si desenvolvendo essa tolerância que falta, essa compreensão que não exercita, até quando a vontade é explodir. Aliás, é fácil ter essa vontade com todos que nos desagradam.

Porém Jesus fala de coragem. Perdoar é ato de coragem. Abandonar a raiva e o ódio é exercício interessante, e garanto, a sensação boa que traz é como sentir Deus se aproximar de você.

Não se acomode nem se envaideça por achar que não há o que melhorar. Na verdade, na etapa atual da sociedade terrena, estão todos viciados em satisfação pessoal, na produção de hormônios excitantes que trazem a sensação de conquista e prazer. Isso tende a nos tornar mais egoístas. A busca desenfreada pela produção de dopamina e ocitocina e outros hormônios sem que haja razão específica e orientação médica para tal, torna cego aquele que precisa edificar sua base sólida para o crescimento espiritual.

Gerar alegria, acolhimento, perdão e compreensão ao outro são exercícios pouco praticados por quem costuma saciar somente a si próprio.

As pessoas inebriadas acabam por desenvolver um ponto de vista que considera bobo aquele que *serve* e considera inteligente aquele que *se serve,* quando a lógica da inteligência cristã é exatamente o contrário. Eis aí uma proposta de mudança significativa: que tal ser aquele que serve?

Claro que você ainda possui vaidade. Não estimulo isso e lhe aviso que é muito mais admirável aquele que estende oportunidades do que aquele que só se aproveita das oportunidades criadas. E então, que tal mudar de posição?

Que tal experimentar um lugar novo na família, ser aquele que abraça, aquele que protege, aquele que tem a palavra amiga, o ombro solidário, a mão que realiza?

Não, você não será a Madre Teresa de Calcutá nessa encarnação. Nem tente ser, porque não quero você pirando por buscar algo que por enquanto é inalcançável. Mas você pode tentar brincar de ser ela de vez em quando, só para experimentar a sensação boa de ser útil iluminando a vida de alguém.

Comece a planejar essa mudança. É gradativa, leva algumas encarnações, mas a hora de começar é agora. Chega de adiar, certo? Jesus não é um Espírito de informações imprecisas e duvidosas. Em sua perfeição, o Cristo nos alerta sobre a necessidade de amarmos. Ele nos faz esse convite há milênios. É chegada a hora de aceitar, começando pelo ambiente da família. Prometo, você não vai se arrepender.

Reflexões

Aqui você escreve a reflexão que esse capítulo lhe trouxe. Capriche com o coração para ajudar a fixar na alma.

TENHO FACILIDADE PARA OBSERVAR AS LIMITAÇÕES DOS OUTROS OU AS MINHAS?

_____
_____
_____
_____

É COERENTE ACHAR QUE POSSO MODIFICAR TODOS EM MINHA VOLTA OU PARA EVOLUIR PRECISO MODIFICAR A MIM E NÃO AOS OUTROS?

_____
_____
_____

COMO RECONHECER E DIFERENCIAR AS OCASIÕES EM QUE DEVO TER CORAGEM PARA MODIFICAR A SITUAÇÃO OU QUANDO DEVO TER RESIGNAÇÃO PARA ACEITAR?

_____
_____
_____
_____

CAPÍTULO 12

Conquista da Paz Plena

A paz plena ainda é uma ilusão para os habitantes da Terra. Enquanto tivermos defeitos, vícios e egoísmos, nós não alcançaremos a sensação plena de paz de espírito e felicidade absoluta. As pessoas ainda perdem tempo procurando a felicidade na facilidade. Em português são palavras parecidas, mas filosoficamente trazem aspectos bem diferentes.

Você ainda acha que reencarnado no planeta Terra não terá algum problema de saúde ou nada de frustrações amorosas, ou ainda nenhum desafio financeiro? E, claro, espera uma família composta de espíritos perfeitos e iluminados? Chega de ilusão. A verdade é que um espírito só deixa de passar por provas e expiações quando já desenvolveu suas potencialidades ao ponto de passar para a próxima etapa evolutiva, o chamado mundo de regeneração.

Seus familiares são presentes. E cada um recebe o presente exato que necessita. Eles são as ferramentas desenvolvidas para você adquirir os avanços pessoais que necessita. Trarei aqui alguns exemplos, mas sempre com o cuidado de deixar claro que perdoar e permitir não significa se submeter a situações degradantes sem limite para o amor-próprio. Deus, Jesus, Espiritismo, nenhum deles vai pregar o masoquismo e a submissão cega.

Seus pais são presentes. Ainda que sejam ou tenham sido ausentes, endurecidos ou indiferentes, você recebeu os pais adequados para desenvolver algo que precisa ser resolvido dentro de você. Não estou dizendo que eles estão certos em ser assim. Jamais podemos ignorar a necessidade urgente deles se melhorarem, e certamente precisarão de novas experiências para se conscientizar da necessidade de transformação.

Mas, nessa engrenagem perfeita de reencontros nada casuais, o egoísta se encontra com o generoso, o indiferente se encontra com o amoroso, e assim um aprende com o outro a ser mais generoso enquanto o outro aprende a ser misericordioso e tolerante.

Essa dificuldade que caiu bem na sua família convoca todos ao trabalho da mudança, tirando da zona de conforto, fazendo levantar-se do sofá para tirar esse elefante que apareceu dentro da sua sala.

Certamente, se sua vida não tivesse os contratempos que apresenta você hoje não teria a visão crítica, o amadurecimento nem a necessidade de ler uma obra como essa, o que é um evidente sinal de que os desafios estão fazendo você buscar um patrimônio emocional e espiritual maior.

E nesse contexto das dificuldades em família, os problemas surgem e os desafios nas relações são evidentes. É hora do trabalho nessa oficina de pessoas, nos consertando, nos ressignificando, aparando nossas arestas, melhorando o acabamento dessa escultura espiritual da qual o escultor somos nós mesmos.

Filhos são presentes. Ainda que com transtornos e diferenças, você recebeu o filho que precisa para melhorar algo em si próprio. Pense com atenção nas dificuldades que um filho vier a apresentar. Mais uma vez Jesus convoca para ter olhos de ver e ouvidos de ouvir. Precisamos enxergar além, precisamos ouvir corações.

O que um filho intempestivo faz desenvolver nos pais? O que um filho rebelde e radical pode melhorar nos pais? O que um filho dependente ou irresponsável pode exigir desses espíritos que o tutelam? O que um filho frio e prepotente tem como desafio aos seus genitores?

E então, com essa informação, consegue perceber o que Deus propõe que você desenvolva nessa encarnação? Lembre-se, não ache que Deus o pegou desprevenido. A esmagadora maioria dos casos foi planejada previamente, contrato assinado no momento da pré-encarnação quando projetamos as áreas da alma que necessitamos aprimorar.

É até normal que em muitos planejamentos os espíritos se empolguem demais, e que, por isso, os mentores espirituais ajudem o espírito afoito a pisar no freio. Muitos pensam da seguinte forma: "Preciso desenvolver mais paciência, mais resignação, mais maturidade e misericórdia por quem ainda não alcançou independência emocional; preciso aprender a estender a mão aos meus irmãos; enfim, preciso melhorar".

Mas, ainda assim, notamos irmãos que reencarnam e desistem de suas propostas iniciais. No entanto, bom lembrar que, sequiosos de evolução e amor, os espíritos nem sempre reencarnam com o combo completo de demandas para resolução porém não é permitido um desafio maior do que possam suportar. Espíritos mais maduros auxiliam no momento dessa composição no planejamento.

Então, de forma muito sincera e realista, saiba que a proporção dos desafios impostos pela vida é do tamanho que todos os envolvidos na trama necessitam. A dose vem correta. Não duvide. Se assim não fosse, Deus não seria Deus.

Sobre escolhas, você as faz diariamente, todo momento. Ilude-se quem pensa que planejamento reencarnatório é somente o realizado previamente. Necessário lembrar que através do livre arbítrio, você tem liberdade para fazer escolhas sempre, corrigindo rotas, adequando situações, resolvendo questões.

Um exemplo é o fato de ter um parente agressivo, que chega a promover violência verbal e física. Não é porque um espírito desse tipo está na sua vida que você terá a obrigação de suportar a violência sofrida. Se quiser submeter-se a tal, é uma escolha sua. Mas também é uma escolha não permitir que isso ocorra, afastando-se do agressor e, se for o caso, buscar ajuda médica, psicológica ou espiritual para que ele supere sua agressividade, promover denúncias nos órgãos competentes como medidas que o façam repensar atitudes, estimulando-o para que abandone o comportamento criminoso.

O perdão é nobreza sugerida pelo Cristo. Mas pode se dar à distância, através de vibrações de amor com orações e até auxílio pessoal. Porém, há casos em que a pessoa agressora ainda não reúne condições para a convivência saudável, sendo facultada a distância segura através de medida protetiva imposta pela justiça terrena, com objetivo de conscientizar esse irmão ou irmã a modificar o olhar para a vida e a maneira de agir e pensar.

Nesse caso, a medida que parece amarga vem para adoçar o futuro de alguém que cometeu graves tropeços, mas que terá a chance de corrigir-se e melhorar o domínio de impulsos que levam ao comportamento nocivo e até a interrupção desse.

Mas e a paz plena, como conquistar? Quando Jesus alerta que devemos viver doando nosso melhor aqui, para posteriormente usufruir na vida futura dessa vitória espiritual, Ele nos recorda que Seu reino não é deste mundo (João 18:36-38). Porém, a paz da consciência virá com o alívio e sensação de dever cumprido. Afinal, o remorso e o arrependimento corroem. Ame como puder, faça o melhor que conseguir e não deixe para depois. Mas sem esquecer: não temos apenas os familiares que queremos. Temos os que precisamos.

Reflexões

Aqui você escreve a reflexão que esse capítulo lhe trouxe. Capriche com o coração para ajudar a fixar na alma.

Sou sempre a vítima da falta de paz nas relações ou também contribuo para que esse estado de conflito e irritação aconteça?

_____

_____

_____

Quando surge diante de mim um gatilho para conflito, eu desarmo a bomba prestes a explodir ou acendo a faísca que pode causar a explosão?

_____

_____

_____

Diante do meu poder de escolha nas ocasiões de conflitos, faço o possível para plantar a paz que espero colher?

_____

_____

_____

_____

_____

CAPÍTULO 13

Sucesso na Vida

Uma família tem sonhos. Almeja coisas, lugares e sensações. Busca conquistas. Toda família quer ter êxito. Vemos diversos caminhos com ofertas de sucesso e depoimentos brilhantes dos que o alcançaram. Histórias capazes de virar filmes e livros, em que as pessoas podem se espelhar para correr atrás de seus objetivos.

Mas, de qual sucesso estamos falando? O que é ter sucesso na vida?

Pais querem se sentir bem-sucedidos, assim como os filhos querem dar orgulho aos pais. Vou além: em alguns casos, além de querer dar esse orgulho, nesses filhos soma-se o desejo de provar seu valor, provar do que são capazes, motivados por traumas causados por exigências e cobranças demasiadas, ou pela ausência de atenção e palavras de desânimo e reprovação.

Ainda por ignorância, alguns pais soltam palavras que ferem, machucam, desacreditam os filhos. Creem que mexendo com o brio deles, desafiando-os, os motivam, sem notar que o efeito contrário ocorre. Marcas profundas são deixadas para o resto da vida, atrapalhando as relações interpessoais e até profissionais, principalmente quando comprometem a autoestima com distorção da autoimagem, e o indivíduo acaba subestimando e enterrando seus potenciais.

Algumas pessoas utilizam essas dores como fator transformador, mas motivadas por raiva e vaidade, o que também não é bom, pois causa desequilíbrio, coloca em cheque a humildade, que é uma das mais belas conquistas do espírito.

Após um rápido mergulho nesse campo, voltemos ao tema do capítulo. Para muitos pais, ter sucesso na vida é possuir o melhor carro, a melhor casa, o melhor corpo, a melhor imagem, além de alcançar a maior segurança e conforto possíveis para as suas famílias.

Para alguns filhos, ter sucesso na vida é possuir os aparelhos tecnológicos recém-lançados, viagens que rendam as melhores fotos (afinal é importante ostentar e causar inveja), além das roupas que possam comprovar valores muito acima da média para que possam validar um lugar especial na sociedade, atestando patamar econômico diferenciado.

Nesse aspecto, tanto esses pais como esses filhos, lançam apenas um olhar material para a definição de sucesso. Quantas vezes soubemos de famílias de classe nobre e dominante que levam vidas infelizes? Classificar o sucesso apenas como a capacidade de comprar coisas, lugares e momentos é continuar a mirar no lugar errado.

Essa busca de pais e mães pelo sucesso fará com que estejam cada vez mais ausentes de casa, com empregos múltiplos e acúmulos de função. Já nos filhos, a busca pelo sucesso, seja no campo financeiro, seja no círculo político e social, também fará com que direcionem todas as suas energias para algo que se converta em formação específica, que projete um bom salário ou lucros no futuro.

É aí que muitas vezes a conexão entre os familiares vai se esvaindo. Não vemos muitas famílias projetando o "Sucesso Espiritual". Até em grupos religiosos temos observado pedidos e preces direcionados ao sucesso financeiro, nos causando total estranhamento, visto ser esse um propósito tão ignorado por Jesus. Quase um paradoxo, já que o Mestre focou apenas no patrimônio do espírito, chegando a lembrar-nos, inclusive, a não ajuntar tesouros que o tempo corrói, que a traça come ou que ladrão rouba (Mateus 6:19).

O foco exagerado no "sucesso" financeiro pode causar desequilíbrio impedindo o sucesso do amor, da família, do espírito. Longe de mim demonizar o dinheiro, pois sei que ele é capaz de proporcionar maravilhas. Entretanto o Evangelho do Cristo nos alerta quão pouco inteligente é focar só no dinheiro e abandonar aspectos que não têm preço.

Existem verdadeiros dramas emocionais com dores indizíveis por conta de rompimentos e afastamentos causados pela dedicação exclusiva ao lucro financeiro. O Cristo alerta para esse desequilíbrio, ao dizer *não se pode servir a Deus e a Mamom* (Mateus 6:24), pois não se pode agradar igualmente a dois "deuses". Ou agradará ao dinheiro (Mamom) ou agradará ao amor (Deus). E quando o dinheiro se transforma no Deus de sua vida, é porque você vendeu sua alma para ele.

Lembro que não há deuses e sim o Deus único. Jesus utilizou uma expressão judaica para dinheiro, posses, para explicar a escolha entre Deus e as posses materiais. No sentido figurado, muitos vendem suas almas ao dinheiro. Não só a alma, como também entregam a infância de seus filhos, os momentos ao lado dos pais, ao lado do cônjuge, sempre por ter compromissos profissionais e aspirações de ganho acima dos compromissos familiares.

É óbvio que o trabalho é importante, pois traz crescimento intelectual, moral e dignidade para arcar com os diversos compromissos financeiros. Mas refiro-me às novas necessidades criadas, obrigando-nos a trabalhar mais e mais, de modo a abandonar aos poucos a vida pessoal. Geralmente quem faz isso, não faz por mal. Faz pelo bem de sua família, para proporcionar conforto e segurança, mas não percebe que em alguns casos, menos conforto e segurança significaria mais amor e presença.

Muitos pais só se aproximam da espiritualidade nos momentos de aflição e dor. Não se lembram de buscar o amor do Alto quando a conta está positiva e o conforto reinando.

É usual percebermos pais que cobram assiduidade às instituições de ensino e o bom desempenho escolar. A preocupação é louvável enquanto a omissão denota falha na missão paterna/materna. Entretanto, a causa dessa atenção no aspecto escolar não é apenas para o desenvolvimento intelectual, mas também motivada pela preocupação com o futuro profissional e financeiro, característica natural para a atual sociedade terrena.

Gostaria de propor uma reflexão transparente e sincera: assim como a vida escolar, acadêmica e profissional exigem energia e dedicação, o quanto você tem direcionado de esforço para o sucesso moral e espiritual? Se o principal objetivo de um espírito ao reencarnar é utilizar a experiência terrestre para evolução espiritual, focar exclusivamente no materialismo pode significar um afastamento de propósitos nobres previamente planejados.

O termo "sucesso na vida" só pode ser medido após a conclusão dela. No olhar espiritual, sucesso na vida é você finalizar o ciclo terrestre tendo feito valer a pena.

E lembro que para o lado de cá não se consegue trazer nada material. Nem títulos e diplomas têm validade por aqui. O seu sucesso na vida é qualificado por sua capacidade de amar, pelo que conseguiu realizar, pelo plano reencarnatório cumprido e executado – ou, ao menos, boa parte dele.

Sucesso na vida é magoar o mínimo de pessoas possível, é espalhar sorrisos, carinho e apoio para quem precisar. Sucesso na vida é fazer um Mundo melhor dentro de si para transformar o espaço ao seu redor por onde passar.

É hora de ressignificar o termo "sucesso na vida", pois tem gente confundindo isso com êxito financeiro. Dinheiro é bom se fizer dele bom uso, entretanto não compra paz de espírito, tranquilidade na consciência e nem um amor verdadeiro.

Não se deixe iludir pelas oportunidades que se aproveitam de uma imagem fantasiosa. Elas vêm de quem nem tem sucesso e por isso precisa se fantasiar para parecer. Sucesso real é aquele que aquece o coração com sorriso verdadeiro de quem ama estar ao lado, seja em qualquer lugar, tempo ou espaço. Esse é o sucesso.

Reflexões

Aqui você escreve a reflexão que esse capítulo lhe trouxe. Capriche com o coração para ajudar a fixar na alma.

O QUE SIGNIFICA TER SUCESSO NA SOCIEDADE ATUAL?

_____
_____
_____
_____

O QUE SIGNIFICA TER SUCESSO NUMA ENCARNAÇÃO?

_____
_____
_____
_____

QUANDO ALGUÉM DESENCARNA E RETORNA PARA A VIDA ESPIRITUAL, QUAIS FATORES PODEM SER RECONHECIDOS COMO OS PRINCIPAIS OBSTÁCULOS QUE TIRARAM O FOCO DO OBJETIVO DE EVOLUIR ESPIRITUALMENTE?

_____
_____
_____
_____
_____

ADOREI ESTARMOS JUNTOS

Não poderia ir embora sem apresentar-me: prazer, pode me chamar de Júlio. Se você queria saber um nome, eis aqui a alcunha que me chamam. Ditei esse livro através de um amigo curioso, o Thiago.

Na minha caminhada um aspecto que consegui desenvolver foi essa visão mais ampliada de nosso papel familiar e social. Todos vão adquirir isso, porém saiba, eu não surgi assim. Se hoje caminho bem, já rastejei muito.

Nas encarnações que contam minha trajetória espiritual, já fui Júlio, Hermínia, Benedito, Antônia, e tantos outros. Aqui me apresento como homem, mas também sou mulher, sou velho, sou criança, sou quem eu quiser. Somos múltiplos em nossas essências.

Passei por etapas como filho ingrato, assim como fui mãe relapsa e já fui pai rude. Consigo falar sem sofrimento, pois essas cicatrizes, eu curei todas, através do arrependimento e da reparação. Nunca é tarde para reparar. Nunca é tarde para amar.

Lembrar-me das passagens tortuosas e dos tropeções derivados de minhas imperfeições é um detalhe importante para me recordar sempre. É isso que nos torna benevolentes e indulgentes. Saber que quem somos agora só é possível por quem já fomos outrora e de onde viemos. Todo espírito que para você parece ser um pouco mais equilibrado, na verdade precisou trazer em si esse aprendizado. É dificílimo um espírito que tenha conseguido evoluir passando imaculado por todas as provas e expiações. Eu particularmente não conheço alguém que nunca tropeçou.

Nessa encarnação você que agora lê minhas palavras, certamente já cometeu muitos equívocos como filho, como pai ou mãe, ou até como neto, irmão ou cônjuge. Mas o fator mais importante de todos é desenvolver essa vontade de mudar. Essa vontade de sair do lugar que está e migrar para um patamar de mais amor e plenitude.

Aquilo que damos, é aquilo que ganhamos. Frase interessante para simbolizar a regra de plantar e colher.

Encerrando esse nosso rápido encontro, lembre-se de algumas definições que carregam significados importantes:

Criança: é alguém surpreendente que leva dentro de si conhecimentos e experiências. Pode inclusive superá-lo em conhecimento e equilíbrio, mas precisa do seu acolhimento compassivo e amoroso.

Adulto: é uma criança num tamanho maior. Ainda tem medos, ainda faz bobagens, mas tenta manter a pose de seguro para buscar a credibilidade e confiança de quem o cerca. Finge ser um super-herói, mas tem pontos fracos que necessitam de apoio e compreensão. Creia, o adulto se esforça muito, mas nem sempre consegue alcançar seus objetivos.

Idoso: é uma criança de cabelo branco e pele enrugada, embora os artifícios de beleza tentem disfarçar o efeito do tempo. Se ele tornou-se ranzinza e mal-humorado, é porque carrega as decepções e frustrações do que não conseguiu realizar. Se ele fiscaliza e condena a conduta dos outros, é para tentar mostrar para si próprio que não foi o único a errar.

No fundo, filhos, pais, avós, são todos como crianças espirituais nesse grande jardim de infância chamado Terra, precisando buscar esse educador Jesus para acalentar seus corações.

É aí que entra você. Sim, você. O professor Jesus precisa atuar em você e através de você. E você o permite quando estende a mão, oferece o ombro e resolve acolher as limitações desses irmãos que caminham consigo. É linda essa ação dupla em seu favor e em favor do próximo.

Como diz a filosofia franciscana, amar é ser amado, auxiliar é ser auxiliado, compreender é ser compreendido, perdoar é ser perdoado, pois é dando que se recebe. Essa via de mão dupla não é um "toma lá dá cá". É um fluxo constante, um ciclo permanente que se retroalimenta para manter o equilíbrio dos passos.

Hoje não mais me causam grandes dores relembrar a toxidade que já empreguei em minhas relações interpessoais quando estive encarnado, nas inúmeras vezes que vivi por aí. Aprendi renascendo e reparando as faltas praticadas. Entre quedas e reerguimentos, sofri, amei, aprendi, cresci.

Sou muito auxiliado por Deus na oportunidade de trabalhar compartilhando vivências. A vida é a maior professora de todas. Agora atuamos por aqui – eu e outros espíritos – como facilitadores para debates e reflexões com irmãos em processo de erraticidade que se preparam para novas oportunidades terrenas. Grupos de estudo, terapia, palestras, trabalhos didáticos para meditarmos sobre essa busca de sermos melhores para nós e para os outros nessa relação social e familiar.

Também temos trabalhado inspirando reflexões e estudos em profissionais que se debruçam sobre as bases psicológicas e pedagógicas da educação infantil e familiar. São excelentes profissionais que têm abraçado essa tarefa. O mérito é todo deles, nós aqui só sinalizamos e instigamos.

Uma informação que aos fanáticos poderia parecer profética, na verdade é apenas óbvia: o significado do termo "família estruturada" ganhará nova amplitude.

Antes a hipocrisia e as convenções sociais qualificavam como família estruturada o casamento heterossexual, com boas condições de conforto financeiro para educação e saúde. Não importava se na intimidade do lar havia desrespeito, traumas cotidianos com agressividade e desequilíbrios que causavam perturbações funcionais.

Família estruturada será aquela independente de estrutura genealógica, financeira ou social, mas que carrega na relação íntima o apoio incondicional entre os membros, resultando em barreiras vencidas através do amor distribuído e praticado.

O caminho da evolução social é a religião? Não. As religiões até trazem benefícios reais aos fiéis e seguidores, mas não é por meio dos "ritos sagrados", mas sim pelos efeitos educativos advindos dos aspectos filosóficos que elas geram, apesar das confusões conceituais e dos interesses pessoais. Observem que se utilizássemos os ensinamentos de Jesus mesmo apagando o nome Dele, conseguiríamos transitar por diferentes áreas da vida com conclusões morais imbatíveis.

Sobre a chave da evolução social, essa está na educação. Não há outro caminho. Quando o Professor Kardec sinaliza que "fora da caridade não há salvação" (Cap. XV de *O Evangelho Segundo o Espiritismo*), como educador ele sabe que a própria Doutrina Espírita é processo educativo. Espíritos educados no amor estarão preparados para vivenciar essa caridade que salva. A educação da alma está acima de qualquer religião, porque ultrapassa as barreiras do exclusivismo sectarista superando até possíveis barreiras do ateísmo. A educação da alma é universal.

As famílias difíceis são na verdade cenários para o palco do show. O nome do espetáculo seria "Oficina de Amor". Então você, como ator dessa peça, aproveita, se joga nessa experiência, respira e não pira.

Pois é. O termo "não pira" empregado acima é para lembrar que o acompanhamento profissional e terapêutico pode ser necessário e eficaz para ajudar a vencer as dificuldades dessas experiências por não ser simples e fácil superar obstáculos e desafios. Por vezes o preparo extra é de grande auxílio.

As pessoas querem desenvolver o corpo e existem dezenas de caminhos alternativos para tal. As pessoas anseiam por se desenvolverem financeiramente, socialmente, e para isso traçam planos e estratégias.

Mas você que chegou até aqui e já entendeu que o momento agora é de também compreender a necessidade de desenvolver a alma, a família é um caminho extraordinário. Para isso, do fundo do meu coração, de forma humilde e fraterna, despejo abaixo esse potinho de sentimentos:

> *Desejo-lhe menos culpa e mais vontade de corrigir.*
>
> *Desejo-lhe menos vaidade e mais vontade de servir.*
>
> *Desejo-lhe mais silêncio e menos vontade de agredir.*
>
> *Desejo-lhe menos silêncio e mais vontade de pedir sinceras desculpas.*
>
> *Desejo-lhe menos rancor e mais vontade de amar incondicionalmente.*

E encerro com a frase de velho amigo: "Viva Jesus", porque de fato precisamos permitir que Ele viva cada vez mais dentro de nós.

Reflexões

Quais as metas você pode estabelecer para salvar sua missão familiar buscando fazer valer a pena? Escreva aqui para não esquecer.

_____
_____
_____
_____
_____
_____
_____
_____
_____
_____
_____
_____
_____
_____
_____
_____
_____
_____
_____
_____
_____
_____
_____

CURIOSIDADES MEDIÚNICAS
Como foi minha relação com o Espírito Júlio durante a psicografia deste livro

Psicografar esse livro foi uma experiência peculiar. Eu ainda me surpreendo com a capacidade de espíritos "descerem" de um patamar superior de lucidez, maturidade e discernimento, para se aproximar de mim numa humildade linda, numa atmosfera de igualdade, sem a soberba e prepotência costumeira nas relações hierárquicas aqui da Terra.

O espírito Júlio e eu estabelecemos uma amizade dessas que se vê entre amigos de infância que seguem a vida juntos para além da velhice do corpo. Foi surpreendente observar durante as psicografias ele trocando pequenas impressões pessoais, como um amigo que assiste a um filme ao seu lado comentando as cenas. É humano, é acolhedor, é fraternal.

Eu sentia e recebia as reações dele, e como eu já estava com a "mão na massa", ficou fácil pra mim anotar algumas dessas impressões para dividir com vocês esses bastidores a fim de normalizar o fenômeno mediúnico, demonstrando que estamos mais juntos do que imaginamos, todos como irmãos, independente de habitarmos ou não um corpo físico.

Embora o trabalho tenha sido realizado com todo o respeito e seriedade que caracteriza a mediunidade com Jesus, havia um ar de camaradagem que talvez algumas mentes mais rígidas não possam, no momento, compreender, mas com certeza aqueles que se abrem a uma comunicação mais próxima, sim. Ele buscava uma linguagem mais simples, compreensível a qualquer pessoa.

Em caso de dúvida, basta consultar os ensinamentos de Jesus ou as Obras Básicas do Espiritismo trazidas pelos espíritos e com maestria codificados por Allan Kardec.

Alguns fatos curiosos ocorreram durante o processo de recebimento deste livro. Muitas vezes, Júlio interrompia suas orientações e dizia algo dirigido diretamente a mim, ou me surpreendia com termos cheios de humor para descrever ou explicar algo em alguns capítulos. Tamanha era minha surpresa e alegria com expressões tão bem humoradas que pensei em comentá-los ali, mas percebi que poderia interromper a linha de raciocínio de alguém e alguma reflexão importante para a vida daquele leitor se perderia. Então, deixei para revelá-los aqui, indicando o capítulo em que ocorreram:

Capítulo 3 - Reencontros nem sempre prazerosos

Quase no final da psicografia desse capítulo, ao falar sobre os acertos e desacertos de cada pessoa, ele disse que não é um ser mitológico, que é igual a todo mundo, que acertou e errou na vida e me falou:

— *Thiago, anota isso aí: deixar de praticar o bem é o mesmo que praticar o mal. Não acender a luz é o mesmo que promover a escuridão. E futuramente, mais cedo ou mais tarde, inevitavelmente nossa consciência nos impõe a vontade de reparar e fazer o certo.*

Nesse instante ele me transmitiu isso com tanta generosidade e amizade, que a vontade era de dar um abraço nesse espírito querido. Anoto sim, é pra já, eu disse.

Capítulo 6 - Chatice dos Cuidados

Ele me pareceu gostar muito de usar o termo *chatice* e similares, daí o título desse capítulo e várias utilizações do conceito no seu texto. É como se fosse uma marca pessoal de sua fala. Porém, tive a exata noção que ele poderia usar vocabulário muito mais profundo, diverso e formal, mas por humildade e didática se permitiu usar termos mais populares, igualando-se aos mais simples, embora eu saiba da grandeza da mente dele.

Nesse capítulo 6, ao referir-se aos cuidados necessários e os excessivos que as pessoas têm umas com as outras no lar, especialmente na relação pais e filhos saiu-se com essa:

Quanto ao parente que deseja que você coma até explodir [...]

Não resisti a essa figura de linguagem tão espontânea do espírito comparando a saciedade com o termo "explodir". Afinal já passei por isso. Muitas vezes me pegava sorrindo durante a psicografia.

Capítulo 8 - Eu não pedi para nascer. Será?

Ao falar sobre a trajetória do espírito em suas várias encarnações e sobre a impossibilidade de alguém já nascer angelical ou se tornar espírito luminoso do nada, ele diz:

É verdade, temos essa novidade aí:

Um dia você vai ser alguém bem mais bacana do que é hoje. Não que você não seja grande coisa, mas é que ainda falta bastante, né? – senti os risos do espírito – não chega a ser deboche, mas ele acha graça da beleza que é nossa caminhada, pois ele próprio também continua a caminhar.

Quando noto o sorriso dele, ele imediatamente se justifica dizendo pra mim que aprendeu que é melhor sorrir do que chorar.

Capítulo 10 - Traumas: carregar ou causar?

Nesse capítulo destaco dois momentos interessantes. O primeiro, quando ele explica sobre o termo *tóxico* que poderia ser um assunto incômodo. Ele diz assim:

O significado da palavra tóxico é ser nocivo, fazer mal, causar prejuízo. Isso vale para substâncias tóxicas, como vale para pessoas tóxicas.

Mas para arrematar com alguma leveza, completa em tom de brincadeira, todo animadinho:

Alerta de polêmica: quem está encarnado no planeta Terra e diz que nunca foi tóxico, é distraído ou é mentiroso.

Permitam-me repetir: ainda me surpreendo com essa espontaneidade e alegria para tratar de assunto tão grave. Eu, Thiago, cresci com a visão de que o divino e espiritual estaria associado a uma voz grave e sisuda. Ver-me ao lado de um espírito que consegue ser professoral e ao mesmo tempo simples e simpático, é um presente de Deus.

O segundo momento foi quando ele falou dos traumas que os pais causam aos filhos:

Mais uma vez ressalto que esses pais agiram muito mais por ignorância do que por maldade, e hoje só nos é permitido observar dessa forma, porque já passamos por esse estágio. Por isso não posso condenar o que sei que já pratiquei num distante passado de minhas encarnações.

Neste exato momento senti a emoção desse irmão ao falar isso, talvez relembrando uma existência passada. Foi uma emoção sem nenhum traço de desequilíbrio. Na minha curiosidade humana, ouvindo meus pensamentos ansiosos para que ele falasse mais abertamente sobre isso, foi logo respondendo:

Sim, Thiago, podemos tratar disso no último capítulo de forma breve. É um assunto que me toca e por isso vim aqui para escrevermos sobre o tema. Não me desequilibra, fique tranquilo. Agradeço sua preocupação. Fofoqueiros de plantão vão querer pular direto para o último capítulo né? Segura a ansiedade. Falta pouco para chegar até lá. Continuemos por aqui.

Esse termo "fofoqueiros" também foi a título de brincadeira, numa forma descontraída e jocosa, sem um julgamento real ou severo. Mas achei muito legal o fato de eu só pensar, quase constrangido por estar curioso, e ele logo imediatamente me responder.

Capítulo 11- Planejando Mudanças

Aqui, registro um dos vários ditados populares que o espírito usava e que me deixava à vontade para psicografar como se fosse uma conversa, um bate-papo com amigo:

Geralmente a "pessoa problema" não sabe o transtorno que causa, não sabe a fama que desenvolveu e parece não ter espelho em casa.

Gente boa esse "cara" aqui ditando, eu dizia intimamente.

Adorei estarmos juntos

Na conclusão do livro ele disse muitas coisas que vocês já sabem, mas destaco aqui uma fala:

As famílias difíceis são na verdade cenários para o palco do show. O nome do espetáculo seria "Oficina de Amor". Então você, como ator dessa peça, aproveita, se joga nessa experiência, respira e não pira.

Essa expressão *não pira*, eu e o espírito rimos juntos. Sim, dois amigos rindo. Um com corpo e outro sem corpo. Engraçado ele usar expressões assim. Quando eu imaginaria um espírito dizer "respira e não pira"? Precisei parar para gargalhar.

Espero que essa leveza do espírito Júlio para dizer verdades importantes tenha alcançado seu coração, querido leitor, e que suas palavras façam a diferença em sua vida.

Thiago Brito - médium

Obrigado por comprar uma cópia autorizada deste livro e por cumprir a lei de direitos autorais não reproduzindo ou escaneando este livro sem a permissão.

Intelítera Editora
Rua Lucrécia Maciel, 39 - Vila Guarani
CEP 04314-130 - São Paulo - SP
(11) 2369-5377 - (11) 93235-5505
intelitera.com.br
facebook.com/intelitera
instagram.com/intelitera

Os papéis utilizados foram Chambril Avena 80g/m² para o miolo e o papel Cartão Eagle Plus High Bulk 250g/m² para a capa. O texto principal foi composto com a fonte Chaparral Pro 13/17 e os títulos com a fonte Collona MT 20/28.

Editores
Luiz Saegusa e
Claudia Zaneti Saegusa

Direção Editorial
Claudia Zaneti Saegusa

Capa
Casa de Ideias

Projeto Gráfico e Diagramação
Casa de Ideias

Revisão
Fátima Salvo

Finalização de Arquivos
Mauro Bufano

Impressão
Lis Gráfica e Editora

1ª Edição
2025

Família difícil, parente problema
Copyright© Intelítera Editora

Dados Internacionais de Catalogação na Publicação (CIP)
(Câmara Brasileira do Livro, SP, Brasil)

Júlio (Espírito)
　　Família difícil, parente problema / [pelo espírito] Júlio ; [psicografado pelo médium] Thiago Brito. -- São Paulo : Intelítera Editora, 2025.

　　ISBN: 978-65-5679-072-5

　　1. Espiritismo - 2. Família - Aspectos religiosos 3. Pais e filhos - Relacionamento 4. Psicografia I. Brito, Thiago. II. Título.

25-272505　　　　　　　　　　　　　　　　CDD-133.9

Índices para catálogo sistemático:
1. Espiritismo　　133.9

Eliane de Freitas Leite - Bibliotecária - CRB 8/8415

Para receber informações sobre nossos lançamentos, títulos e autores, bem como enviar seus comentários, utilize nossas mídias:

🌐 intelitera.com.br
✉ atendimento@intelitera.com.br
▶ youtube.com/inteliteraeditora
📷 instagram.com/intelitera
f facebook.com/intelitera

Redes sociais do autor:

✉ agendathiagobrito@gmail.com
📷 instagram.com/thiagobritoespiritismo

Esta edição foi impressa pela Lis Gráfica e Editora no formato 140 x 210mm. Os papéis utilizados foram o papel Chambril Avena 80g/m² para o miolo e o papel Cartão Eagle Plus High Bulk 250g/m² para a capa. O texto principal foi composto com a fonte Chaparral Pro 13/17 e os títulos com a fonte Colonna MT 20/28.